北原保雄〈著〉

日本語の助動詞

二つの「なり」の物語

大修館書店

まえがき

日本語の助動詞は日本語の表現の中できわめて重要な役割を果たしている。助動詞は動詞を助けるものという意味で名づけられたものだが、確かに、動詞を主とする用言に付いてその補助をする品詞である。

たとえば「咲く」と「咲かない」。「ない」は動詞「咲く」だけでは表すことができない打ち消しの意味を添えている。また、「咲いている」と「咲いているらしい」。「らしい」は「咲いている」にはない推量の意味を添えている。

しかし、

・牛が　草を　食べる。

・草が　牛に　食べられる。

では、「られる」は「食べる」に受け身の意味を添えているだけではない。「食べる」と「食べられる」では、主格語が違ってくる。

・牛が　草を　食べられる。

では、「られる」は可能の意味に解されることになる。

前述のように、「らしい」が「咲いている」の意味を補足していることは確かであるが、実は、

・美しい花が咲いているらしい。

の「らしい」は、「咲いている」だけと関係しているのではなく、「美しい花が咲いている」全体について推量しているのである。

さらに、

・遠くの山がよく見えるのは、空気が澄んでいるからだ。

の「だ」も「から」という助詞ではなく、「空気が澄んでいるから」に接続していると見なければならない。

「ない」「られる」「らしい」「だ」などを等しく助動詞と見るかどうかには問題がある。学校文法では、これらのいずれをも助動詞としているが、深く考えてみると決して一様ではない。

日本語の助動詞は、その定義も外延もいろいろである。現代語にも古代語にも同様な問題がある。それについては、以前、『日本語助動詞の研究』（大修館書店刊）で詳しく述べた。それの「新装版」が今般刊行されたので、それによっていただきたい。

本書は、日本語の助動詞全般にわたって述べたものではない。副題に示したように、〈終止なり〉と〈連体なり〉について、さまざまな角度から論じたものである。この二つの「なり」は、活用語に接続するという共通点があるところから、同一のものであると考える説があり、激しい論議の交わされた時期があった。そして、いまだ決着がついているわけではなく、曖昧な状態になっている。

本書は、この辺の問題に結論を得ようとするものである。〈終止なり〉と〈連体なり〉との間には、その成立過程、文法的意味、語義的意味、用法などの上で、截然とした相違がある。〈連体なり〉は〈体言なり〉とともに、助動詞ではなく、形式動詞である。これが本書の結論である。

二つの「なり」には、その成立した当時、それぞれにきわめて興味深い状況、実態がある。それは、「物語」と呼んでも許されるものである。『日本語の助動詞』と題しながら、その一部である「なり」についてだけ取り上げた。しかも、〈連体なり〉は助動詞ではなく、形式動詞であるというのが、本書の立場である。看板に偽りありの謗りを免れぬところがあるが、しかし、〈終止なり〉は、上代、中古の助動詞の中にあって、特別に考察すべき重要かつ興味深い語であるし、〈連体なり〉は、上代には用例がなく中古に至って成立した語で、現代語の「だ」と同様、日本語の文法の基本に関わる形式動詞である。こういう二つの「なり」の関係、違いについて解明することは、古代日本語助動詞研究の重大な課題の一つである。

北原保雄

平成二十五年十一月

目次

第一章

二つの「なり」について

言葉には発音が同じで意味の異なる語（同音異義語・同訓異義語）というものがある。

国語辞典を開けば、

1 かいこう［開校・開講・開口・回航・海港・海溝・改稿・邂逅］

2 こうがい［口外・口蓋・公害・郊外・構外・校外・梗概・慷慨］

3 うちわ［団扇・内輪］

4 うつす［写す・映す・移す・感染す］

5 らん［乱・卵・蘭・欄・ラン（LAN・run）］

6 あい［藍・合い・間・愛・アイ（eye）］

など、いくらでも出てくる。1「かいこう」や2「こうがい」は二字漢語の例で、二字漢語には特に同音異義語が多いが、和語にも3「うちわ」や4「うつす」のように同訓異義語の例はたくさんあるし、5「らん」のように漢語と洋語（外来語）にまたがるもの、6「あい」のように和語・漢語・洋語にまたがるものもある。同音同訓異義語について述べていくと、どんどん話が広がり深まってしまう。私は、かつて『同音語同訓語使い分け辞典』（東京堂出版）なる一書を上梓したことがあるが、この書は同音類義語、たとえば、

7 こうえん［公演・講演・口演］

異字同訓語、たとえば、

8 あう［合う・会う・逢う・遇う・遭う］

などの、紛らわしい漢字の正しい使い分けを解説したものだった。この辞典で取り上げたのは類義語だったが、異義語をふくめると同音語の数はもっと増える。たとえば、上掲の7「こうえん」には、

9　こうえん［公園・公苑・後援・高遠・講筵］

などが加わる。

ただし、本書は同音同訓の異義語についての考察を目的としたものではないので、これ以上深入りすることはしない。古語の助動詞には接続の異なる二つの「なり」があるが、この二つは同一のものであるのか、別のものであるのか、つまり、二つの「なり」は同一語であるのか、同じ発音（語形）の異義語であるのかを、その根本から検討してみようとするものである。

もう少し詳しく説明すると、古語の「なり」には、活用語の終止形に接続するものと、体言あるいは活用語の連体形に接続するものとがある。これは周知の事実で前者は推定・伝聞の意を表し、後者は断定の意を表すとされてきた。用例をあげて説明すれば、

10　男もすなる日記といふものを女もしてみむとてするなり。（土左日記・冒頭）

の「すなる」はサ変動詞「す」の終止形「す」に「なり」の連体形「なる」が接続している。それに対して、文末の「するなり」はサ変動詞「す」の連体形「する」に「なり」の終止形「なり」が接続している。「なり」自体の活用形が前者では連体形であり、後者では終止形であるということが問題なのではない。二つの「なり」はそれぞれにいろいろな活用形をとり、下に続いたりそこで終止したりする。そうではなくて、「なり」が接続している活用語「す」の活用形が前者では終止形であり、後者では連体形であるという接続の仕方の違いが重要なのである。もう一つ、

11　おのが身はこの国の人にもあらず、月の都の人なり。（竹取物語・かぐや姫の昇天）

の「月の都の人なり」のような「なり」がある。この「なり」は体言「人」に接続している。実は、「この国の

人にもあらず」の「に」も「なり」の連用形で、体言「人」に接続しているものである。

本書では以下、活用語の終止形に接続する「なり」を〈終止なり〉、活用語の連体形に接続する「なり」を〈連体なり〉、体言に接続する「なり」を〈体言なり〉と呼ぶことにするが、この〈終止なり〉と〈連体なり〉が同一の語であるのか、別の語であるのかについて考えたいのである。接続の違いという点からすれば、〈体言なり〉も三つ目の「なり」として対等に考察の対象としなければならないのだが、同じ活用語の終止形と連体形に接続するという顕著な差異を重視し、連体形は体言に準ずる句（準体句）を構成し、体言と共通するところがあることから、〈体言なり〉は〈連体なり〉のグループのものと見なして、二つの「なり」の関係を中心に考察を進めていく。

助動詞という狭い範囲のグループの中に存在する同音の語が別語であることは考えにくいという意見がある。しかし、現代語の助動詞の中にも同音で別語の例は存在する。たとえば、「そうだ」には接続の異なる二つの「そうだ」があって、

12 今にも、雨が降りそうだ。

13 明日は、雨が降るそうだ。

において、12の「そうだ」は活用語「降る」の連用形「降り」に接続して様態の意を表し、13の「そうだ」は終止形「降る」に接続して伝聞の意を表している。

また、「らしい」にも、接続は（一見）同じだが、二つの「らしい」がある。たとえば、

14 彼はとても男らしい。

15 向こうから来るのは、どうも男らしい。

の二つの「男らしい」である。14の「らしい」は「男らしい」全体で形容詞を構成し、男性的であるという状態を表している。「男らしい」全体で状態を表す形容詞になっているから、「とても」という程度の修飾を受けることができる。つまり、14の「らしい」は形容詞を作る接尾語である。接尾語だから当然のことだが、14の「男らしい」には「男」と「らしい」の間に他の助動詞などを入れることはできない。

それに対して、15の「男らしい」は「男〈である〉らしい」、どうも男であるらしい、ということである。「接続は（一見）同じだが」と述べたが、まさに表面上、一見そう見えるだけで、実は15の「男らしい」では「男」と「らしい」の間に「である」だけでなく、たとえば、

16 向こうから来る人は、どうも男（らしくなかった）らしい。

などのように、接尾語や助動詞を介入させることができる。つまり、15の「男らしい」の場合、「男」と「らしい」の間は切れているのである。15の「らしい」は推量の意を表す助動詞である。

「そうだ」の場合は助動詞「そうだ」に二つがあるのだが、「らしい」の場合は助動詞の中に二つの「らしい」があるというのではなく、接尾語と助動詞が同形であるということである。しかし、活用する接尾語と助動詞との違いは微妙で、ここではそういうことが問題なのではない。似た範疇のグループの中の同形語にも異義語（別語）があることを分かりやすい現代語の例を取り上げて説明したかったのである。

「なり」の問題に戻って、現在の学校文法では、〈終止なり〉は推定・伝聞の意を表し、〈連体なり〉と〈体言なり〉は断定の意を表す、ということになっている。そして、これが定説のようになっており、疑う人は少ない。しかし、この説に対して異論をとなえる人もあり、通説ではあっても定説になっているとは言えないのである。最近、「なり」に関する議論はやや低調になっていて強力な研究論文を見かけないが、議論にけりが付いて

いるわけではない。

〈終止なり〉についてはその成立に興味深いものがあるし、〈連体なり〉〈体言なり〉は日本語の構文の基本にかかわるものである。本書では、二つの「なり」に焦点を当てて、その成立、両者の違い、展開、文法的役割などについて、根本的、総合的に考察してみたい。

第二章

〈終止なり〉と〈連体なり〉

第一節　はじめに

〈終止なり〉と〈連体なり〉とは異なる二つの助動詞であるのか、それとも、一つの助動詞における接続上のゆれでしかないのか。

もし、一つの助動詞の接続上のゆれであるとすれば、両者の表す意味の違いを考察することは、たとえば、現代語における「属す人」と「属する人」の「人」の表す意味の違いを考察するようなもので、はなはだ滑稽なことになるだろう。またもし、両者が異なる二つの助動詞であるならば、どういう点が相違するのかということが、解明されなければならない。いずれにせよ、まず両者が区別されない一つの助動詞であるのか、異なる二つの助動詞であるのかという問題が、科学的に究明されなければならない。

さて、これまでの〈終止なり〉と〈連体なり〉についての論考を通観すると、そのほとんどが「語義的意味」についてのものであって、「文法的意味」について論じたものはきわめて少ない。もっとも、これは助動詞「なり」の場合に限られたものではなく、体言や用言などはもちろん、助動詞や助詞など文法研究の対象となるもの一般に広く見られることで、そこには、古典解釈のために始まったというわが国の文法学の発生や、その展開、歴史などが強く関連している。

しかし、体言や用言などの自立語（詞）の場合は、その指示機能が言語外の世界に向いているのでしばらく措くとして、助動詞や助詞などの付属語（辞）の場合は、その指示機能が言語内の他の言語要素—単語や文の成分—に向いている。したがって、付属語の場合、「文法的意味」の調査、研究がもっと重視されなければならない。

なお、「語義的意味」については説明を要しないだろうが、「文法的意味」は聞き慣れない用語かも知れない。ここでは「文法的機能」「構文的機能」などと呼ばれるものとほぼ同一のものとして使用することとする。

「なり」の文法的意味について論じたものはきわめて少ない。そのことについてはすでに述べたが、そういう中にあって、竹岡正夫氏(1)と塚原鉄雄氏(2)の論考はきわめて注目される。まず、竹岡氏は、

助詞・助動詞、わけても文末に用いられるそれらは単に直上の語にのみ接続しているのではなく、(中略)その上の、一本のテニヲハで貫かれた文全体を承けているのである。

と述べて、奈良時代の「なり」の全用例を、接続の面から、次のように大別する。

[A] 場所や時を表す名詞に接続するナリ
[B] 副詞的な語に接続するナリ
[C] 体言([A]以外の)に接続するナリ
[D] 活用語の終止形に接続するナリ

そして、それらが、すべて

[A] 尾張にただに向へる小津の崎 ナル
[B] 梅の花―さかり ナリ
[C] ふたほがみ―悪しけ人 ナリ
[D] 呼子鳥―越ゆ ナリ

のように図示される構造であると説き、

所謂断定の助動詞ナリも、伝聞推定のナリも全く右の様な（＝話手の判断した結果を再び聞手を含む客体界に指定し、判断の本来有している普遍妥当性の要求をみたす）同じ機能を有する同一の語である。(1)

と結論している。

また、塚原氏は、

過去の言語の、科学的な認識は、《仮説の仮説》を、〈一つの意味に一つの表現〉という原則に従い、論理的方法によって、設定することであり、その究極においては、直観的な方法をも、避けえない。(3)

という方法の確認の上に立って、「論理的」な考察を展開し、要約すると、次のように結論している。

単語論的観点からすれば、体言承接と終止形承接と連体形承接とは、その承接形式を異にするけれども、構文論的観点からすると、三者は、共に「叙述」における「述語」を承接する。また、表現機能として見るとき、三者は、共に叙述に対する「陳述」を荷担する。

〈終止なり〉と〈連体なり〉の間には、文体的な差異が認められるだけで、構文的意味機能や概念的意味の差異は認められない。(3)

すなわち、両氏は、

〈終止なり〉と〈連体なり〉の「文法的意味」は等しい。（更にいえば、〈体言なり〉も加えて、三者は同一の語である。）

と主張しているということになる。〈終止なり〉と〈連体なり〉の接続上の違いは、先に例として取り上げた、現代語の「属す人」と「属する人」の「人」と同じく、文体的な差異だけだというのである。

両氏の論考の展開は、論理的であり明快である。しかし、論理の飛躍や演繹的な独断はないだろうか。理論が先行し優先されすぎて、実証的な考察がおろそかにされてはいないだろうか。文構造の具体的な検討は十分だろうか。

第二節　塚原鉄雄氏の説について

これから提示しようとする説が「もう一つの仮説（another assumption）」として片づけられてしまわないように、これまでの研究（仮説）について検討し、その問題点を明らかにしておくことが大切である。もっと言えば、先行の説を否定しておくことが重要である。そこで、最も詳しく論じられている塚原鉄雄氏の説について検討することにする。

塚原氏は、まず、上代の「なり」の使用例について調べ、

(1) 伝聞・推定説者には、終止形接続と体言および連体形接続との相違を、概念的な意味の相違として区別しようとする論理に、支離滅裂な欠陥が認められる。

(2) 体言接続と終止形接続とに見られる用字法の区別は、接続形式に基づく差異の意識が文献を荷担した人びとに存在したことを意味しようが、それは、識別意識の存在を推定する資料でありうるにしても、差異の存在を認定しうる資料となりうるかどうかは断定できない。

(3) まず、同一音韻によって構成された言語は、同一の言語であると仮想しなければならない。

(4) 体言および終止形は、構文論的観点からすれば、〈述語〉を構成するとき、〈陳述〉の表現を欠いても、

〈記述〉を完結しうるという共通した性格を具有する。

(5) 副助詞〈のみ〉に接続するものは、構文的機能としては、体言に接続するものと変わりがない。

(6) 格助詞〈と〉に接続するものは、〈と〉と〈なり〉との間に、〈と〉によって統括された成分に呼応する用言の介在を想定しうるが、それは奈良時代の慣例によって、終止形のはずである。

などと述べる。そして、

助動詞「なり」の発生は、一般に説かれるように、「体言＋に＋あり」の「にあり」が熟合したものであろう。《零記号の陳述》を伴って、《述語》となりうるという、共通的な機能を媒介として、体言のほかに、終止形にも、接続するようになった。これが、二次的な「なり」である。副次的に体言の領域が、助詞その他によって構成されるものをも含むことになった。そして、奈良朝は、既に、一次的な「なり」と、二次的な「なり」との共存する時代であったといえよう。(4)

と結論している。

上代（奈良時代）には、まだ〈連体なり〉の使用例は認められない。従って、塚原氏の考察も、上代における〈体言なり〉と〈終止なり〉との関係についてのもので、〈連体なり〉は直接考察の対象とされていない。しかし、論述の展開の上で、自然〈連体なり〉にも言及されてくるので、検討しておく必要がある。

まず、(1)についてであるが、これは、すでに同氏が別の論文で述べていることである。(5) それを要約すると、

① 終止形接続を《詠嘆》と規定する立場と方法について、根本的な批判を施していない。

② 助動詞の意味を規定する立場と対象の規定が曖昧である。

③《伝聞・推定》は、《指定》または《断定》の矛盾概念ではない。

④　拡大解釈による演繹が免れない。
⑤　資料の実証的な調査が、方法論的に不徹底である。

の五点となる。

確かに、〈伝聞・推定〉説を唱え、支持する論には、論理の甘さがあり、考察に厳密さ、科学性が欠けている。用例における前後の文脈も考慮すると、〈詠嘆〉よりも〈伝聞・推定〉の意味に解釈する方が妥当だというようなものだった。しかし、氏のあげている諸点は、すべて〈伝聞・推定〉という意味の不当性についてのもので、〈体言なり〉と〈終止なり〉とが、区別されるべき別のものであることを否定するものではない。

次に、⑵についてであるが、これはかなり苦しい見解である。強引に自説を正当化しようとして無理をしているところがある。文末の「断定できない」という表現に弱気の一端が表れているようにも読める。

確かに、氏の言うように、識別意識の存在はそのまま差異の存在の証明にはならない。しかし、可能性の問題としては、識別意識の存在は差異の非存在よりも差異の存在の方にはるかに強く結びつく。したがって、資料において、識別意識の存在を認定した場合には、その識別意識が差異の存在を証するものであるかどうかを究明するのが普通だろう。このように考えると、この⑵の言説には、次の⑶を主張したい氏のあせりのようなものさえ感じられないでもない。

その⑶についてであるが、「まず」仮想してみるのは大いに結構であるが、「同一の音韻結合体」でも全く異なる二つの言語である場合のあることにも大いに留意すべきである。つまり、同音異義語のことだが、この点については、すでに第一章において現代語の例を取り上げて説明した。古語の助動詞でも、「て＋あり」からできた、活用語の連用形に接続する「たり」と、「と＋あり」からできた、体言に接続する「たり」は同一の音韻結合体

（＝同音語）だが別語である。

塚原氏の場合、上代の「なり」を一元的に捉えようとする強い先入観が、まず初めに〈体言なり〉（一次的な「なり」と氏は呼ぶ）があって、次に〈終止なり〉（二次的な「なり」）が生じたという独断的な結論が導かれるのだが、言うまでもなく、〈終止なり〉は〈体言なり〉と並んで、文献時代の初めから存在するのであって、このような推論は、それこそ、「資料の実証的な調査が、方法論的に徹底している」はずの氏の方法論に悖《もと》るものである。

(5)については特に問題がない。副助詞「のみ」は準体句をつくるからそれに〈体言なり〉が接続しているのである。

しかし、(6)については大いに問題がある。格助詞「と」は準体句をつくりそれに〈体言なり〉が接続しているのである。その点で(5)と同様「となり」の「なり」は〈体言なり〉である。ここで氏が、「と」によって統括された成分に呼応する用言は終止形のはずだと、わざわざ述べる真意は何なのだろう。「と＋用言＋なり」の用言が省略されていると想定するのはいいが（そう想定するのは自由だから）、だからといって、「なり」は用言に直接接続しているのではない。「なり」はあくまでも「と」に接続しているのである。「と＋用言」は終止形に限られるものではない。「奈良時代の慣例によって、終止形のはずである。」というが、それは、奈良時代の用言に接続する「なり」には〈終止なり〉しかないからである。

「と」に接続する「なり」を活用語に接続する「なり」だと見ようとするから、こういう無理な説明をしなければならなくなるのである。「と」は、

・商変《あきかへ》し領《し》らすとの御法《みのり》あらばこそわが下衣返し賜《たば》らめ（万葉・一六・三八〇九）

などのように、連体助詞「の」に上接する用法、つまり、準体句を構成する用法がある。したがって、「と」に接続している「なり」は、(5)の「のみ」に接続している「なり」同様に、〈体言なり〉に準じて考えてよいのである。

さて、最後に(4)についてであるが、塚原氏が〈体言なり〉と〈終止なり〉とを同一のものと認定する最も大きな理由は、この(4)にあげたことにある。この(4)だけだと言ってもいいほどである。

(4)は、構文論的な立場からの立論であり、その点で、主観的な読み取りの作業から「なり」の意味を論じたりする方法に比べて論理的であり、一応の説得力がある。この(4)は、後で考える〈連体なり〉の成立にも深く関連するものであるから、特に慎重に検討する必要がある。

塚原氏は、次のように述べる。

> 和我勢故餓勾倍枳予臂奈利（『日本書紀』巻第十三）
>
> 葦原中国、伊多玖佐夜芸帝阿理那理（『古事記』中巻）
>
> これらの《記述》において、「和我勢故餓勾倍枳予臂」と、「葦原中国伊多玖佐夜芸帝阿理」とは、言語素材との関連からいえば、それぞれ、《客体的事態》を表現する。そして、「奈利」と「那理」とは、いずれも、《客体的事態》に対する、《主体的態度》の表現である。単語論的観点からすれば、体言接続と、終止形接続と、その接続形式を異にするけれども、この意味において、「なり」の構文的機能に、差異はない。すなわち、表現機能として見るとき、《叙述》に対する《陳述》を、荷担する。
>
> そこで、構文論的観点に立脚すると、これらの「なり」の接続形式は、《叙述》における《述語》に、接続するといえる。その《述語》を構成するのが、品詞論的観点から、体言であり、また、動詞の終止形であ

る、――ということになる。(6)

氏の述べるところによれば、体言も終止形も〈述語〉を構成するとき、〈陳述〉の表現を欠いても、〈記述〉を完成することができる。その〈零記号の陳述〉に相当する構文的位置を占めるのが、体言接続および終止形接続の助動詞「なり」だということになる。

確かに、「奈利」も「那理」も〈客体的事態〉に対する〈主体的態度〉の表現であり、〈叙述〉に対する〈陳述〉の表現である。しかし、この二つの文の構文は、そう簡単に同一構文であると言うことはできない。多くの疑義があり、反論すべきことがある。

(1) まず、「奈利」と「那理」では〈陳述〉のあり方が違うのではないか、ということがある。〈体言なり〉は、たとえば、

Aは Bなり

という文において、

A＝B

という〈陳述〉の表現にあずかるが、〈終止なり〉の場合は、たとえば、

Cは Dなり

という文において、動詞Dは体言Cと等号で結ばれるような関係にはなく、Cを述定するものである。したがって、構文論的には、Dは「Bなり」に相当する。この道理が、中古以降に「体言なンなり」という語連続を生むのである。言うまでもなく、「なンなり」の「なン」は「Bなり」の「なり」すなわち〈体言なり〉であり、「なり」は「Dなり」の「なり」すなわち〈終止なり〉である。

塚原氏は、時枝誠記氏の構文論によっており、統括作用というものが動詞にはあるが体言には無いということを踏まえていない。したがって、「その〈零記号の陳述〉に相当する構文的位置を占めるのが、体言接続および終止形接続の助動詞『なり』だということになる」というような乱暴な捉え方になってしまうのである。

(2) 次に、動詞の終止形に〈零記号の陳述〉が可能であるのと同様に、形容詞の終止形にも〈零記号の陳述〉は可能であるのに、〈形容詞終止形＋なり〉の用例は認められない。これについて、構文論的立場からどのように説明することができるのだろうか。（中古になると「なり」は形容詞にも接続するようになるが、ここは上代における議論である。）

(3) 次に、動詞や一部の助動詞の終止形に接続し、〈主体的態度〉を表現するという点で〈終止なり〉に共通する、助動詞「らむ」「らし」「べし」なども、氏の構文論からすれば、体言に接続していいはずだが、そういう用例は認められない。それはどうしてか。

(4) 更に、体言と共通した性質ということで言えば、格助詞が接続する形から見てもわかるように、終止形よりも連体形の方が近いはずなのに、その連体形ではなしに終止形に接続する用例が出てくることは、どう考えたらいいのか。

しかも、構文論的な観点を離れれば、

(5) 〈体言なり〉には、各活用形が揃っているのに対して、〈終止なり〉には、終止・連体・已然の三つの活用形しかない。これはどう説明されるか。

(6) 〈体言なり〉にはいろいろな助動詞が接続するが、〈終止なり〉には助動詞の接続した例がほとんどない。など、両者には、その用法上、明確な差異がいろいろ認められることをどう説明するかという問題が加わる。

以上、塚原氏の論考について検討してきたが、〈体言なり〉と〈終止なり〉が同一の語であるとする説には、いろいろな無理があり、この考えは成り立たないように思われる。しかし、批判するだけでは弱い。科学的な論証によって確かなものとしなくてはならない。

第三節　形容詞などに接続する「なり」

一、はじめに

本節以下では、問題の性質上、源氏物語を中心とする中古の共時面で考察を進め、その考察に当たっては、「分布（distribution）」の概念を導入し、資料の実証的な調査、その上に立っての立論が、方法論的に不徹底なものにならないように留意する。

二、源氏物語の場合

活用語に接続する助動詞「なり」を調査する場合、それが、〈終止なり〉であるのか、〈連体なり〉であるのか、判別の不可能なものが多い。

と申＝なり。（源氏・賢木）

ものし侍＝なり。（源氏・帚木）

などのように、接続する活用語に活用語尾が送られていない場合を始めとして、活用語が四段活用やラ変活用の場合など、それが終止形なのか連体形なのかが、形の上からは判定できないからである。なお、ラ変活用の場合は、他の終止形接続の助動詞も、すべて連体形もしくは撥音便形に接続して、終止形には接続しない。

ところで、助動詞「なり」は、形容詞に対しては、

①赤き＝なり。　美しき＝なり。

②赤かン＝なり。　美しかン＝なり。

のように、二様に接続する。また同様に、形容詞型活用の助動詞「べし」「ず」「まじ」「まほし」などにも、

「べし」

①べき＝なり。

②べかン＝なり。

「ず」

①ぬ＝なり。

②ざン＝なり。

「まじ」

①まじき＝なり。

②まじかン＝なり。

「まほし」

①まほしき＝なり。

②まほしかン＝なり。

のように、二様に接続する。この他に、

③　赤かる＝なり。美しかる＝なり。べかる＝なり。ざる＝なり。まじかる＝なり。まほしかる＝なり。

のような、いわゆる補助活用の連体形に接続する例もありそうに予想されるが、そして、実際、後世の資料においては認められるものもあるが、これは後世における語法であるらしく、ここで調査の対象としている源氏物語を中心とする中古の資料には、③のような用例は認められない。

それでは、この①②二様の接続の併存は何を意味するのであろうか。

この二様の接続の仕方のうち、①のグループのように「なり」が連体形に接続している様式を「第一類の様式」と呼び、②のグループのように連用形に「あり」が添って熟合した形（補助活用）が撥音便化したものに接続している様式を「第二類の様式」と呼ぶことにする。そして、これら二種の様式の用例が、どのような分布を示すかを、中古の代表的仮名文学資料である源氏物語について調査してみると、「表1」のようになる。

「表1」は、縦の欄に「なり」の形態（「なり」の活用形を下接語とともに示す）を並べ、横の欄に「なり」の接続する語、「形容詞」「べし」「ず」「まじ」「まほし」を並べたものである。ただし、正確に言えば、「形容詞」は語ではなく品詞であるが、表を簡明化するために一つにまとめた。したがって、「ならむ」の段の第一類「形容詞」の二例は「赤きならむ」とか「美しきならむ」とかいうのであり、その横の「べし」一例は「べきならむ」、「ず」三例は「ぬならむ」というわけである。

また、終止形の段の、第二類の九例、五例、二例などは、それぞれ、「美しかンなり」「べかンなり」「ざンなり」というような例である。このようにして、「表1」には、「なり」の形態と接続様式の関係のすべてが示されている。

未然形「ならむ」の段以下、撥音便形「なンなり」の段までの七段の第二類や、連体形「なる」（係りの結び）

接続様式		第一類					第二類				
「なり」の形態 ＼ 「なり」の上位語		形容詞	べし	ず	まじ	まほし	形容詞	べし	ず	まじ	まほし
未然形	ならむ	2	1	3	0	0					
	ならねば	0	12	0	0	0					
	ならねど	0	2	0	0	0					
連用形	なりけり	7	2	16	1	0					
	に	(多数)									
撥音便形	なンめり	11	17	13	7	0					
	なンなり	0	2	0	0	0					
終止形	なり。	14	4	6	0	1	9	5	2	0	0
	なるべし	10	0	11	0	0					
	なるらむ	1	0	0	0	0					
連体形	なる(係りの結び)						1	0	2	0	0
	なる(連体形中止)						0	2	0	0	0
	なる(連体修飾)						6	1	0	0	0
	なるに						2	0	0	0	0
	なるこそ						0	0	1	0	0
	なるは						1	0	0	0	0
	なるを						1	2	2	1	0
	なるものを						2	0	0	1	0
	なるかな						0	1	0	0	0
已然形	なれ(係りの結び)						5	0	2	0	0
	なれば						0	1	1	0	0
	なれど	1	1	0	0	0	2	0	1	0	0

〔表1〕 源氏物語における、形容詞など補助活用をもつ語に接続する「なり」の分布

の段以下、已然形「なれば」の段までの十一段の第一類などのように、空欄になっているところは、用例が「形容詞」から「まほし」まですべての項において皆無である欄である。これは、0という記号が、その項に用例が認められないこと、すなわち、調査の対象(corpus)を広げれば、用例が見いだせるかもしれないということを表すのに対して、用例が認められないというのではなく、存在しないはずだということ、つまり、この欄は本来空欄(lacuna)であるということを示す。

しかし、そう断定してしまうには問題の欄もあり、それこそが以下に検討する課題であるから、今

の段階では、空欄のところは、lacuna の可能性があると考えておけばいい。

なお、連用形「に」については、助詞の「に」などと判別しにくい例があって、扱いがやや複雑なので、この表では、具体的な用例数をあげることはしていないが、第一類には多数の用例があり、第二類の方には用例が皆無であることは確認している。

さて、「表1」を見ると、第一類における用例と第二類における用例とがきわめて整然とした分布を示していることに注目される。すなわち、

(1) 終止形「なり」の用例は、第一類、第二類の両方に分布する。
(2) 已然形「なれど」の用例も、両方に分布する。
(3) その他では、第一類に用例の存在する場合には、第二類に用例が存在せず、逆に、第二類に用例が存在する場合には、第一類の方には用例が存在しない。

などというきわめて截然とした美しい分布である。

三、中古における他の仮名文学資料の場合

このきわめて截然として意味のありそうな分布は、ひとり源氏物語においてだけ認められるものではなく、他の中古の文献資料においても同様に認められる。

中古の仮名文学資料のうち、竹取物語、土左日記、蜻蛉日記、枕草子、和泉式部日記、紫式部日記、更級日記の七作品における実態を、源氏物語の場合にならって整理してみると、「表2」のようになる。

共時面における分布の調査に、作者、ジャンルを異にし、成立年代、書写年代などがまちまちである異質の資

接続様式		第一類					第二類				
「なり」の上位語 ／ 「なり」の形態		形容詞	べし	ず	まじ	まほし	形容詞	べし	ず	まじ	まほし
未然形	ならむ	1	0	0	0	0					
	ならず	0	1	0	0	0					
	ならねば	0	3	0	0	0					
連用形	なりけり	4	1	5	0	0					
	に	（多数）									
撥音便形	なンめる	5	3	12	1	0					
終止形	なり。	14	2	6	0	0	10	0	6	0	0
連体形	なるべし	3	0	0	0	0					
	なるらむ	0	0	1	0	0					
	なる（係りの結び）						1	2	1	0	0
	なる（連体修飾）						1	0	1	0	0
	なるこそ						0	1	0	0	0
	なるを						1	0	4	0	0
	なるかな						0	1	0	0	0
已然形	なれ（係りの結び）						4	2	1	0	0
	なれば						2	0	0	1	0
	なれど	1	0	1	0	0	2	0	0	0	0

〔表2〕　中古七作品における、形容詞など補助活用をもつ語に接続する「なり」の分布

料を均質的なものとして扱うのは、いささか乱暴なやり方であるが、それにもかかわらず、そういう方法によって得られた結果が源氏物語の場合とぴったり一致することはきわめて注目される。ただ、七作品の場合が、源氏物語ほどに用例数が多くないことが残念であるが、この一致は、

(1) 源氏物語に見られた截然とした分布は、源氏物語だけに見られる特殊な偶然的なものではないこと。

(2) この分布は、中古の仮名文学資料一般に一致して見られるものであること。

などを示すものであろう。

第四節　分布から読み取れること

一、第二類の「なり」は〈終止なり〉か

「表1」「表2」に一致して見られる用例の分布は何を示すものだろうか。

まず、この分布には、上代の「なり」から中古の「なり」への系譜が示唆されているように思われる。すなわち、第二類の「なり」は、終止形、連体形（「べし」「らむ」などの助動詞が接続する場合は除く）、已然形の三段にしか、その用例を見せないが、これは、上代の〈終止なり〉が、終止形、連体形、已然形の三つの活用形の用例しか見せていなかったことと、まさしく一致するものである。また、第一類の方に見られる、未然形、連用形などの用例の分布は、上代から多数の用例の見られた〈体言なり〉の活用形のあり方と一致する。したがって、このような分布の状態から、次のような「なり」の系譜が予想されるのである。

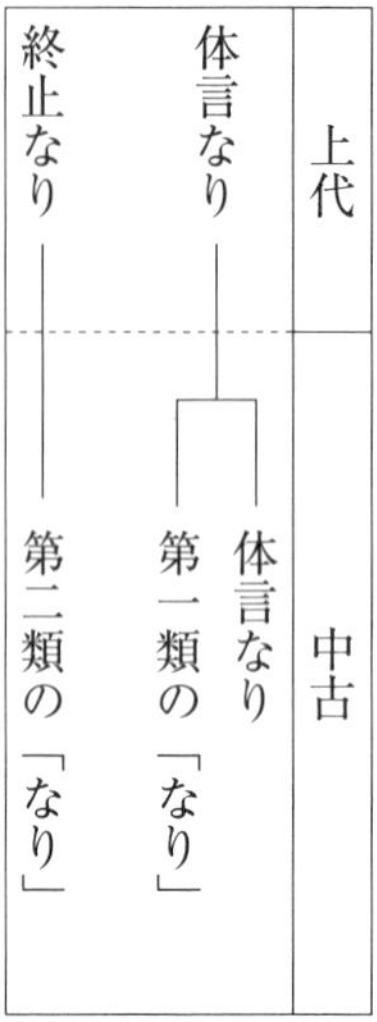

二、第一類の「なり」と第二類の「なり」との文法的意味

ところで、「形容詞」「べし」「ず」「まじ」「まほし」などにおける、いわゆる「補助活用」は、どのようにして構成され、何のために作られ、どのように用いられているのだろうか。「補助活用」は、それぞれの「本活用」の連用形「〜く」に動詞「あり」が添い、それが熟合した形であって、「本活用」が助動詞に接続する文法的意味を持たないので、その機能を補充するものとして成立したものである。

それならば、第一類の「なり」は何なのであろうか。直接助動詞に接続する文法的意味を持たないから、「補助活用」が作られた。それにもかかわらず、実際には、「本活用」の連体形に「なり」が接続している。これはどのように解釈すべきか。これについて検討する場合に、参考になると思われることがある。

(1)「補助活用」を持つ語に対しては、「なり」以外の助動詞は、常に、その「補助活用」に接続し、「本活用」に接続することはない。

(2)「なり」は非活用語に接続するが、助動詞で非活用語に接続するものは特殊であって、他には「ごとし」と後世発達する「たり」があるだけである。

(3)連体形に接続する助動詞は他に「ごとし」があるだけだが、この「ごとし」が連体形に接続するのは、

かくの碁登《ゴト》名に負はむと（雄略記）

その本意のごともし給はず（源氏・夕霧）

のように、「ごと」に体言性があるからで、理由は明確である。したがって、「なり」が体言や用言の連体形に接続するのは、注目すべき特異な事実である。

これらの点を合わせると、第一類の「なり」は、「本活用」の連体形に直接接続しているのではなく、その連体形によってまとめられている「準体句」に接続しているのではないかと考えられてくる。つまり、品詞論の立場に立って、「なり」の直前の単語だけを見れば、それは、確かに「本活用」の連体形に接続しているのであるが、「本活用」の連体形は助動詞には続いていかないということから、構文論的立場に立って見れば、たとえば、

されど、かしことても、ひとりふたり世の中をまつりごちしるべきならねば、（源氏・帚木）

のように（引用に当たって、句読点・濁点などを適宜加えた。以下も同じ）、ひとりふたり…まつりごちしるべきという準体句に「なり」が接続しているものだと考えることができる。このような第一類の「なり」の文法的意味については、後に、具体例をあげて更に詳しく考察する。

さて、他方、第二類の「なり」は、明らかに「補助活用」に接続しているものであり、これは「補助活用」が発生した理由に矛盾しない。大野晋氏は、ラ変型活用語の撥音便形に接続している「なり」は、次にあげるような点から、〈終止なり〉だと考えられると述べている。(7)

(1) 上代には、〈終止なり〉は、ラ変にもその終止形から続いた。
伊多玖佐夜芸帝阿理那理《イタクサヤギテアリナリ》（神武記）

(2) 元来、撥音便というものは、「り」が転じて「ン」となる方が古いもので、「る」が転じて「ン」になるものは、後に現われる形である。

ここで検討している第二類の「なり」はもちろんこの中に含まれるが、大野氏のこの見解は、

(3) 「表1」「表2」に見たように、第二類の「なり」の用例の分布状態が、上代の〈終止なり〉の用例の分布状態とまったく同じである。

(4) 後の「表5」に見るように、撥音便形に接続する「なり」と〈終止なり〉の用例の分布状態が一致する。

(5) ラ変の助動詞「たり」に接続する場合、連体形接続と撥音便形接続は、無秩序に起こるのではなく、「表3」に見られるように、「表1」や「表2」と一致した分布を示す。

(6) 中古になって急激に発達する終止形接続の助動詞「めり」が、これら「補助活用」のある語に接続する場合、かならず「本活用」ではなく「補助活用」に接続し、撥音便化することが多い。

などによって、その妥当性が一段と強化されるが、更にここでは、構文論の立場から、第二類の「なり」の文法的意味について検討する。

「なり」の形態 ＼ 接続形式		たるなり	たンなり
未然形	ならむ	2	
	ならば	2	
連用形	なりけり	6	
	に	多	
撥音便形	なンめり	15	
	なンなり	3	
終止形	なり。	3	7
連体形	なるべし	7	
	なる（連体修飾）		1
	なる（係りの結び）		3
	なるに		1
	なるは		1
	なるを		4
	なるかな		1
已然形	なれ（係りの結び）		6
	なれば	1	

〔表3〕 源氏物語における、「たり」承接の「なり」の分布

「本活用」の連体形に接続する第一類の「なり」が、実は、そう見えただけで、その連体形によってまとめられている準体句に接続しているのであり、したがって、その活用語は助動詞に続く形（「補助活用」の形）をとる必要がない。このことについては前にも述べたが、第二類の「なり」の場合には、助動詞「なり」に続く必要があったのである。

上代から存在した〈終止なり〉は、〈らむ〉〈らし〉など他の終止形接続の助動詞と同様、もと、「複述語構文」を構成する自立語であったが、「複述語構文」の崩壊によって助動詞になったものと考え

られる(8)。助動詞は、その名の示すように、それが接続する直上の活用語、特に動詞に接続する。そういう点で、〈体言なり〉などは例外的なものであり、これを助動詞とは認めない考え方もあるが、この問題はしばらくおき、上代の〈終止なり〉について見ると、動詞に接続するものがほとんどである。中古になり、形容詞や助動詞に接続するようになっても、第二類の「なり」は常に直上の語に接続した。そして直上に動詞がないので、動詞「あり」を介在させた。この様式の原型は、

杏人　浜過者《ハマヲスグレバ》　恋布在奈利《コホシクアリナリ》（万葉・九・一六八九）

のように、すでに上代にそれらしい例が認められるが、この、「なり」が直上の活用語に直接接続するという文法的意味が、第二類の「なり」の様式として顕現しているのだと解釈される。

このようにして、第一類の「なり」と第二類の「なり」とはその文法的意味を異にするものであることが明らかになったが、これは、第一類と第二類とに用例が併存する終止形「なり。」の段の各例について具体的に考察すると、一層明確になる。

いま、源氏物語中に見られる「なり」の終止形の第一類二五例と、第二類一六例（表1参照）とを調べ、両者の構文の違いを検討してみると、結論的に、次のようなことが言えそうである。

(1) 第一類の「なり」の文には、「～なり」と断定する根拠を示す成分が存在することが多いが、第二類の「なり」の文には、きわめて少ない。

(2) 第二類の「なり」の文には、

身の□いと心うきなり。（源氏・浮舟）

のような構文が多いが、第一類の「なり」の文には皆無である。

まず、(1)について。田島光平氏は、主に竹取物語を中心に、〈連体なり〉の語義的意味について検討し、「何か根拠を挙げて説明するという例が非常に多い」ということから、

その連体形が体言的に用いられる場合を除いては、根拠をもって相手に説明する場合に用いられる辞である。(9)

ということを明らかにした。また、小松登美氏は、これより先に、

〈連体なり〉は、単なる断定というより、事情・理由などを解明・説得する時用いられる。(10)

と述べている。両氏の言うように、

1 人めもいとみだりがはしう心よはきさまに侍りければ、院などにもまいり侍らぬ也。（源氏・葵）
2 うしとらのかたよりふき侍れば、この御まへはのどけきなり。（源氏・野分）
3 かたはらいたければ、かかぬなり。（源氏・藤袴）
4 かくいみじき身のけはひなれば、かくところせきなり。（源氏・若菜下）
5 「……」とはしたなめられしかば、「なにかは」とてひき侍らぬなり。（源氏・手習）

などや、

6 いとふびんなることと思たまへかしこまりて、えまいらぬなり。（源氏・夕顔）
7 そのむくひに、かくすゑはなきなり。（源氏・若菜上）
8 うたどもおほかれど、うるさくて、たづねもきかぬなり。（源氏・椎本）

などは、そういう〈連体なり〉の語義的意味と関連するのであろう。この章では、語義的意味については考えないが、このように根拠・理由などを示す条件成分（「〜ば」の成分や「〜て」の成分）が現われることが多いという事実は、やはり第一類の「なり」だけに見られる構文的特徴として注目されるべきものである。

しかし、第一類の「なり」と第二類の「なり」の構文を区別する、より特徴的なものは(2)に掲げた事実である。例を追加すれば、

1 宮の御心のいとつらきなり。(源氏・少女)

2 ただいまは、人ぎきのいとつきなかるべきなり。(源氏・須磨)

3 きみたちのきこえしらせたてまつり給はぬなり。(源氏・夕霧)

4 人をいたづらになしつるかごとおひぬべきがいとつらき也。(源氏・夕霧)

などであるが、これらの例から明らかなように、「なり」はすべて第一類の「なり」である。しかも第一類の例数二五のうち、実に一一例がこの構文である。もちろん例数が多いということだけでは何も言えないが、一方の第二類に、たとえば、

＊ 身のいと心うかンなり。

などという例が皆無であることを考えると、二十五分の十一という数は、高い有意性を示すものと見なければならない。ここでは、この構文を「の—なり構文」と呼ぶことにするが、この「の—なり構文」が第一類の場合にのみ、しかも多数認められて、第二類の方には全く認められない理由は何であるか。これは、ここまで検討してきた「なり」の文法的意味とどのように関連するのであろうか。

「の—なり構文」についての研究はもちろん、それについての指摘も寡聞にして知らない。また、当該箇所についての諸注釈を見ても、特に注意されているようには見受けられない。しかし、この構文においては、格助詞「の」に十分留意すべきである。なぜならば、中古においては、主格助詞「の」は終止形終止文の主格語には付かないのが一般だからである。

したがって、

身の　いと心うきなり。

という文構造だと考えると、なぜ、「の―なり構文」の場合にだけ、終止形終止文の述語に対する主格語に格助詞「の」が付くのか、説明することができなくなる。この主格助詞「の」の顕在を、他の構文における用法と矛盾することなく説明するためには、

身の　いと心うき　なり。

という文構造と考えるしかないだろう。

そうして、この文構造は、先に、第一類の「なり」は、「本活用」の連体形に直接接続しているのではなく、その連体形によってまとめられている「準体句」に接続しているのではないかと考えて、

されど、かしこしとても、ひとりふたり世の中をまつりごちしるべき　ならねば、

身の　いと心うき　なり。

という文構造を想定したことと、まさしく一致するのである。

すなわち「の―なり構文」は、第一類の「なり」が活用語の連体形そのものに直接接続しているのではなく、その連体形によってまとめられている「準体句」に接続しているものであることを明示しているのである。

三、第一類の「なり」と第二類の「なり」は対立する

言語要素は、互いに他の言語要素と対立し、張り合って、自己の特異性を主張し、存在を確保する。したがっ

て、ある二つの言語要素が、区別されるべき二つのものであるかいなかを知るためには、この二つの要素が「対立」するものであるかどうかを証明すればいい。言語の「対立（Contrast）」という特性は、言語要素を認定する際の有力な手がかりとして、構造言語学において注目されたものであるが、これについて、安井稔氏は、次のように分かりやすく解説している。

特定言語内で対立する要素というのは、その言語の中から、対立しない要素を引き算したものであるといってもよい。対立しない要素とは何かというと、二つの場合がある。一つは、同じ環境に決して生じない要素どうしの場合であり、これらの要素は、相補分布（Complementary distribution）をなすといわれる。もう一つは、同じ環境に生じても異なる反応や意味の違いをひきおこさない要素どうしの場合で、これらの要素は自由変異（Free variation）の関係にあるといわれる。だから、二つの音、xとyとについていうなら、それらが、(a)相補分布をなさず、(b)自由変異の関係にない、という場合、はじめて、真の対立を示しうる、ということになる。[11]

この見方からすると、第一類の「なり」と第二類の「なり」との関係は、どういうことになるだろうか。これまで検討してきたところを整理してみよう。

まず、(a)相補分布をなしているかどうかについて見ると、「表1」「表2」に一致して見られた、

(1) 終止形「なり」の段の用例は、第一類、第二類の両方に分布する。

(2) 已然形「なれど」の段の用例も、両方に分布する。

(3) その他の段では、第一類に用例のある場合には第二類に用例がなく、第二類に用例のある場合には第一類の方に用例がない。

という分布は、相補分布ではない。(3)だけならば、相補分布をなしていると言える。しかし、(1)と(2)は、第一類と第二類が同じ環境を共有していることを示すものであって、「同じ環境に決して生じない要素どうしの場合」という相補分布の条件に反するものである。

次に、(b)自由変異の関係についてはどうであろうか。第一類の「なり」と第二類の「なり」は、同じ環境、たとえば、

美し＋□＋（言イ切リ）
べし＋□＋（言イ切リ）

の□に位置するが、その場合、

第一類
美しき＝なり
べき＝なり
第二類
美しかン＝なり
べかン＝なり

のように、異なった接続をする。これは、第一類と第二類をそういう接続様式の相違によって分けたのであるから、当然のことであるが、更に、両者は、本節の二で詳しく考察したように、その文法的意味を明確に異にするのである。つまり、第一類の「なり」と第二類の「なり」は、同じ環境に生じた場合、「異なる反応や意味の違いをひきおこす」要素どうしであり、両者が自由変異の関係にないことは明らかである。

このようにして、第一類の「なり」と第二類の「なり」は、

(a) 相補分布をなさず、

(b) 自由変異の関係にない

ということから、「真の対立」をなすものであること、つまり、両者は、厳然と区別されるべき二つの語であることが、科学的に証明されるのである。

第五節　活用語に接続する「なり」の分布──源氏物語の場合──

これまで、形容詞および形容詞型活用の語における「本活用」と「補助活用」の文法的意味の相違に注目して、助動詞「なり」の分布を調査し、その文法的意味について考察してきた。そうして、明確に対立する二つの「なり」が存在することが確認された。

また、第二類の「なり」が〈終止なり〉であろうということも、大野晋氏の示した歴史的観点からの根拠に、更に共時論的な面から考えられるいくつかの根拠が加えられることによって、その正当性が強化された。第一類の「なり」が〈連体なり〉であることは明白である。

その結果、第一類の「なり」と第二類の「なり」は、それぞれ、〈連体なり〉と〈終止なり〉であり、両者の対立は、すなわち〈連体なり〉と〈終止なり〉との対立を示すものであることが想定される。

それでは、形容詞や形容詞型活用の語以外の活用語に接続する「なり」の全用例は、どのような分布を示すのであろうか。源氏物語について調べてみると、「表4」のようである。

「なり」の形態＼上位語の活用形		連体形		終止形	撥音便形	活用形不明
		ラ変以外	ラ変			
未然形	ならむ	12	9			12
	ならねば	12				
	ならねど	3				
	ならじ	1				
	ならでも	1				
	ならば		2			
連用形	なりけり	45	22			62
	なりけれ（係りの結び）	1				
	なりければ					1
	なりけむ					5
	なりし				1	
	なりしか（係りの結び）					4
	なりつる（連体修飾）			1		
	に	（未調査）				
撥音便形	なンめり	62	33			27
	なンめる（係りの結び）					
	なンなり		1			
終止形	なり。	2	4			3
	なるべし	52	19	6	52	60
	なるらむ	36	14			17
連体形	なる（係りの結び）	1				1
	なる（連体形終止）	2	4			3
	なる（連体形中止）	52	19	6	52	60
	なる（連体修飾）		1	6	9	21
	なるが					3
	なるに			1	3	2
	なるこそ				1	1
	なるぞ					1
	なるは		1	1	2	2
	なるも					3
	なるを			3	21	18
	なるものを		1		4	4
	なるかな				3	2
已然形	なれ（係りの結び）		1	9	33	28
	なれば		4	1	8	13
	なれど	2		3	8	7

〔表４〕 源氏物語における、活用語接続の「なり」の分布
（表を見やすくするため０は一切表記しない。）

この表は、縦に「なり」の形態の欄、横に「なり」の直上にくる活用語の活用形の欄をそれぞれ設置している。なお、「なり」の形態の連用形「に」の欄は例数が多すぎて整理がつかないので「未調査」としておく。ただし、連体形接続の用例は多く、終止形および撥音便形接続の例は皆無であることは確認してある。

「表4」は欄の設定がやや複雑で見にくいところがあるので、「活用形不明」と「ラ変の連体形」の欄を取り外して、「表5」を作る。こうして見やすくなった「表5」からは、

(1) 第一類の「なり」と〈連体なり〉、第二類の「なり」と〈終止なり〉の分布がそれぞれ一致する。(「表1」参照)

(2) 〈終止なり〉と〈撥音便なり〉の分布が一致する。

(3) 〈連体なり〉と、〈終止なり〉〈撥音便なり〉とが、相補分布をなさない。

などが鮮明に見えてくる。

こういう分布が明らかになると、「ラ変の連体形」に「なり」が接続する場合も見なおされる。すなわち、「表4」において、「ラ変の連体形」はほぼ全域にわたって分布しているが、そして、ラ変は他の終止形接続の助動詞にも連体形から続くことがあるから、それでいいのだが、その例数から見れば、〈終止なり〉の分布領域にはわずか一、二例ずつであり(この領域には、〈撥音便なり〉が分布する)、多い用例数を見せるのは、〈連体なり〉の分布領域においてである。つまり、「なり」は、ラ変の活用語に接続する場合においても、それほど乱れていないことが知られる。

なお、「表4」「表5」における「終止形+なりつる」「撥音便形+なりし」各一例は、

いとどうれふなりつるゆき、かきたれいみじうふりけり。(源氏・末摘花)

かやうにことなるおかしきふしもなくのみぞあなりし。（源氏・宿木）

というものであるが、校異によると、前者には「うれへなりつる」とする写本が多く、後者には「ありし」となっている写本が多い。もっとも、小松登美氏によれば、助動詞「き」「つ」には〈終止なり〉だけが続くのであるが[12]、しかし、これは上代には見られない新しい語法のようで疑問の残る例である。

「なり」の形態 ＼ 上位語の活用形		連体形	終止形	撥音便形
未然形	ならむ	12		
	ならねば	12		
	ならねど	3		
	ならじ	1		
	ならでも	1		
連用形	なりけり	45		
	なりけれ（係りの結び）	1		
	なりし			1
	なりつる（連体修飾）		1	
撥音便形	なンめり	62		
	なンなり	2		
終止形	なり。	52	6	52
	なるべし	36		
連体形	なるらむ	1		
	なる（係りの結び）		4	9
	なる（連体形終止）		2	1
	なる（連体形中止）			3
	なる（連体修飾）		6	9
	なるに		1	3
	なるこそ			1
	なるは		1	2
	なるを		3	21
	なるものを			4
	なるかな			3
已然形	なれ（係りの結び）		9	33
	なれば		1	8
	なれど	2	3	8

〔表５〕 表４から「活用形不明」と「ラ変の連体形」の欄を除いたもの

第六節　まとめ

一、〈終止なり〉と〈連体なり〉の文法的意味――「の―なり構文」再説――

第一類の「なり」と第二類の「なり」が自由変異の関係にないことを言うために、第四節の二で、「の―なり構文」が第一類においてだけ見られるものであり、第二類には全く認められないことを論じたが、この事実は、〈終止なり〉と〈連体なり〉の場合においても見られる。すなわち、「の―なり構文」は、すべて、

1　「……」と、たしかに人のかたり申侍しなり。（源氏・藤袴）

2　「……」と、人ざまのさすがに心ぐるしうみゆるなり。（源氏・竹河）

3　おほかた心にまかせ給へる御さとずみのあしきなり。（源氏・総角）

などのように、明確に〈連体なり〉と判別できるものか、または、

4　おまへのつらくおはします也。（源氏・行幸）

5　きつねのつかうまつるなり。（源氏・手習）

＊　音のすなり。

＊　人のあンなり。

などのように、連体形と終止形が同じ形で判別できないものかであって、たとえば、

6　大将どののおはしたるなりけり。（源氏・柏木）

などのような、〈終止なり〉や〈撥音便なり〉のものは、一例もないのである。更に、

7「……」とて、ははぎみの□むかふるなりけり。（源氏・浮舟）

8 いとどふみなどもかよはんことの□かたきなめり。（源氏・少女）

9「……」とえりそめつる人の□さだまりがたきなるべし。（源氏・帚木）

10「……」などよろづにおもふも心の□とまるなるべし。（源氏・花宴）

11 よそ人にみたてまつりなさむが□おしきなるべし。（源氏・葵）

などのような例が多数見いだされるのであるが、「なりけり」「なンめり」「なるべし」などの「なり」の形態がすべて〈連体なり〉であることも、強力な傍証となる。

要するに、「の—なり構文」は〈連体なり〉の文法的意味によっているのである。この構文が、格助詞「の」の文法的意味から考えて、

12 先立たぬ悔いの八千度悲しき　は□　流るる水の□　かへりこぬ　なり（古今集・哀傷・八三七）

13 吹く風の色のちぐさに見えつる　は□　秋の木の葉の□　散れば　なりけり（古今集・秋下・二九〇）

14 都へと思ふに物の悲しき　は□　帰らぬ人の□　あれば　なりけり（土左・一二月二七日）

などと比較することによって、

(1)〈連体なり〉は、直上の活用語に接続しているのではなく、その活用語によってまとめられる準体句に接

続している。

⑵　格助詞「の」は、準体句の中の主格語に添っているのであって、文末と関係するものではない。

などが、一段と明確になる。そうして、

15　あれたる所は、きつねなどやうのものの人おびやかさんとて、けおそろしうおもはするならむ。（源氏・夕顔）

16　殿の隠され給へるならむ。（枕草子・関白殿二月二十一日に）

などを、

15　＊狐などやうのものの　…け恐ろしう思はするならむ

16　＊殿の　隠され給へるならむ

などのような文構造だと考えて、文末の「む」を連体形だと見るのは誤りであり、また、4、5、10の用例における「おはします」「つかうまつる」「とまる」などは、連体形であると断定していいということになる。

ところで、中古に入って、このように「なり」が準体句に接続するようになったのはどうしてだろうか。これは簡単に説明できる問題ではないが、

17　行く年の惜しくもあるかな（古今・冬・三四二）

18　河風のすずしくもあるか（古今・秋上・一七〇）

など、上代には存在しなかった構文が、中古になって出現することなどと無縁ではないだろう。すなわち、終助詞「かな」や「か」は、体言や活用語の連体形に接続するという点で、「なり」（〈体言なり〉と〈連体なり〉）と同一の文法的意味を持つ語であるが、17、18などの例には格助詞「の」が存在するので、

19 行く年の 惜しくもある かな

20 河風の すずしくもある か

のような構文とも考えられ、このように、中古になって、主格助詞「の」が用いられるようになったということは、主述が結合してより長い句を構成し、それが助詞や助動詞などによってまとめられるような構文が誕生したことを示すものであろう。「なり」の接続する単位が、単語（体言）から句（準体句）に拡大した理由も、こういう事実と関連するものであると考えられる。

二、〈終止なり〉と〈連体なり〉の文法的意味は明確に区別される

〈連体なり〉についての考察が長くなったが、〈連体なり〉特有の文法的意味が明らかになったということは、すなわち〈終止なり〉の文法的意味との相違も明確になったということである。

〈終止なり〉は、第四節二において述べたように終止形接続の助動詞「らむ」「らし」「べし」などと同様、もと自立語として「複述語構文」を構成したものが、それが崩壊することによって成立した助動詞であると考えられる。[8] そういう成立の由来から、直上の活用語に直接接続する。直接接続していることは、形容詞の場合に動詞「あり」を介在させることや、しばしば接続する補助活用と融合して撥音便化することなどからも、うかがい知ることができる。

〈終止なり〉と〈連体なり〉の文法的意味は、このように明確に区別されるのである。

三、〈終止なり〉と〈連体なり〉は真の対立を示す

第一節や第六節一で考察したことから、〈終止なり〉と〈連体なり〉は、

(a) 相補分布をなさず、

(b) 自由変異の関係にない

ということ、したがって、両者は真の対立を示すものであることが、明確になった。そして、これがこの章の結論であるが、これをもう少し具体的に述べれば、次の三点になる。

(1) 中古における活用語接続の助動詞「なり」には、その文法的意味において、全く別の二種のものがあり、〈終止なり〉と〈連体なり〉は明確に区別されるべきである。

(2) 〈撥音便なり〉は、〈終止なり〉と同じ分布を示し、同一の文法的意味を有する。したがって、同一の助動詞と考えていい。

(3) 〈連体なり〉は、活用語の連体形に接続しているのではなく、その連体形によってまとめられる、体言に準ずる句（準体句）に接続しているものである。

こうして、〈連体なり〉の成立を〈終止なり〉と関係づけたり、両者を同一のものと見たりする立場は完全に否定され、二つの「なり」の語義的意味がより科学的に新しく考察される基礎的条件が整ったのである。

第三章

〈終止なり〉の成立

第一節　はじめに

〈終止なり〉の表す語義的意味について、随分古い話になるが、昭和三〇年ごろ、それまでほぼ定説のように思われていた「伝聞・推定」説に対して、「ゆうれいが現われた」(1)ように、旧「詠嘆」説が蘇生し、「断定と情意」説に進展して、「伝聞・推定」説支持者との間に活発な議論が交わされた。その後も、しばらく議論は続いたが、決着がつかないまま、現在に至っているようである。

この二つの見解が一向に歩み寄りを見せないのは、〈終止なり〉に内在する問題の複雑さ、難しさもさることながら、両説が自説の立場を主張することにのみ急で、相手説の投げかける疑問や質問に答えたり、相手説の問題点を指摘してそれを否定するという形で議論が行われなかったこと、俗な言い方をすれば、四つに組んだ形で議論が交わされなかったことに、大きく原因するように思われる。

特に、「詠嘆」説を否定する形で出てきた「伝聞・推定」説は、ただ、詠嘆と見てよいものも無いではないが、多くは詠嘆ではあたらぬ。(2)

とか、「伝聞・推定」説を認めなければ、

奈良時代は勿論、平安時代の物語などを精密に解釈することは不可能である。(3)

などという、あまい理由ではなしに、旧説の立場や方法について根本的な批判をするのでなければ、旧説、あるいは他の諸説に対して、

併行する異説としての意味しか、持たぬことになる。(4)

のである。

「伝聞・推定」説によると解釈がぴったりと行き、この説の方が優れていると思われるが、この説が不動の定説となるためには、他の諸説を根本的に批判し、その非を明らかにして相手に納得させることが必要である。

語義的意味の究明で最も注意しなければならないことの一つは、主観によって演繹をしないことだろう。いまその点に留意して、〈終止なり〉の成立について考察し、主に文法的意味の面から、原初的な意味を究明してみたい。その目的から、最も原初的形態に近い上代の用例に限って考察を進めることとする。なお、用例は、原則として、日本古典文学大系本の本文による。

第二節　〈終止なり〉の原形と接続との関連

〈終止なり〉の原形については、大略次の三つの考え方がある。[5]
(1)「な」という感動詞が語尾活用したもの。
(2) 指定（断定）の助動詞と同じで、格助詞「に」とラ変動詞「あり」が融合したもの。
(3)「鳴く」「泣く」などの語根と見られる「な（音）」とラ変動詞「あり」が融合したもの。
まず、(1)は、おそらく「詠嘆」という意味から考え出されたものであろう。語源説には、しばしばこういう荒唐無稽なものがあるが、松尾捨治郎氏によって、
なの活用語尾といふことは、感嘆の語の性質上、有得べからざることと思はれる。[6]
と強く否定された通りである。

次に、(2)についてであるが、この説は、〈終止なり〉と〈連体なり〉は同一のものであって、「なり」に二つはないという考えに基づくものである。これについては、第二章において、両者が区別されるべき二つのものであることを詳しく論じた。更にもう一つ加えるならば、格助詞「に」は活用語の終止形には接続しない。連体形に接続する。これは「に」に限らず格助詞一般に共通することだが、(2)ではこの点についての説明ができない。

最後に、(3)は、その造語成分「な(音)」は体言もしくはそれに準ずるものと考えられるから、「なり」が連体形に接続しているのなら納得できる。しかし、終止形に接続するのだから説明ができない。また、「なり」が、「体言+動詞」という構成から融合してすでに一つの動詞になっていると考えても、動詞は活用語の連用形に接続するから、「なり」は連用形に接続する方が自然である。

以上のように、三説はいずれも、〈終止なり〉がなぜ終止形に接続するのかを説明するものになっていない。一体に、従来の〈終止なり〉の語義的意味の考察においては、その接続関係からの究明が欠けていたように思われるが、終止形に接続するという事実は、その原形と合わせ考えて重大な問題であり、たとえば、

奈良時代の伝聞のナリは、終止形を承けている。終止形を承けるのが推量の助動詞の本来の形である。というのは、推量の表現は、一応事実の成立を表現して終止し、その下に改めて、その事実を推量する意の助動詞をつけるのが自然だからである。(7)

のように簡単に言い切ってしまっていいものかどうか、問題である。

〈終止なり〉が終止形に接続する理由について、春日和男氏は、視覚にかかわる自動詞「見ゆ」が活用語の終止形に直接接続することを傍証としてあげている。(8) これは、卓見である。しかし、ここでも、なぜ「見ゆ」が終止形に接続するのかという疑問が生じるのである。

第三節　「見ゆ留」の構文

一、「見ゆ留」という呼び方

動詞は連用形に接続する。「見ゆ」は動詞である。動詞である「見ゆ」がどうして連用形ではなく終止形に接続するのか。これはやはり重要な問題である。そして、この問題について考えることは、〈終止なり〉が終止形に接続する理由を明らかにすることにも関連しそうである。なぜならば、「見ゆ」で終わる文の構文と〈終止なり〉で終わる文の構文とがきわめて似ているからである。なお、以下、『手爾波大概抄』[9]にしたがって、「見ゆ」で終わる文を「見ゆ留《どめ》」の文と呼び、それにならって、〈終止なり〉で終わる文を「なり留」の文と呼ぶことにする。

さて、この「見ゆ」という語が、他の動詞一般とは異なった特殊な語法を有する語であるということは、昔の人にも意識されていたらしく、『手爾波大概抄』の著者が、すでに、

見由留者　宇具須津奴　伊記志知仁　以㆓此通音㆒押留也。

（見ゆ留は、うくすつぬ、いきしちに、この通音をもって押す留めなり。）

と注意している。「見ゆ留」についての記述はこれだけで、この著者の言わんとするところは十分に理解できないが、これがもし、

1　白栲の衣の袖を麻久良我よ海人許伎久見由《コギクミユ》　波立つなゆめ（万葉・一四・三四四九）

2　大葉子は領巾《ひれ》甫羅須弥喩《フラスミユ》（欽明紀・歌謡一〇一）

3　久方の月は照りたりいとまなく海人の漁火は等毛之安敝里見由《トモシアヘリミユ》（万葉・一五・三六七二）

4　鮪《しび》が鰭手《はたで》に妻多弖理美由《タテリミユ》（記・歌謡一〇八）

などのように、「見ゆ」の接続する上位語が活用語の終止形であることを述べているのだとすれば、まさに慧眼である。しかし、「宇具須津奴（うくすつぬ）」はラ変以外の終止形の末尾の音を言っているものだと理解できるとしても、「伊記志知仁（いきしちに）」に相当する終止形の末尾音はラ変の「り」しかないのに、イ段の音すべてをあげているところを見ると、『手爾波大概抄』がそれほど明確に「見ゆ留」を整理し把握していたとは考えられない。これは、『大概抄』を承けて成立した『抄之抄』や『姉小路家手似葉伝』、さらに『春樹顕秘増抄』『氏迩乎波義慣鈔』などが的外れの用例を掲げていることからも言えそうである。この辺のことについては詳しく考察すべきこともあるが、ここはそういう場ではないので、「見ゆ」が『大概抄』のころから、特異な語法を有する語と意識され、「見ゆ留」という用語が用いられていた事実を指摘することにとどめる。

二、「見ゆ留」の構文についての従来の説

上代においては、「見ゆ」の接続する上位語は、春日和男氏の指摘するように[8]、

(1)　事物としての体言

(2)　現在の動作を表す活用語の終止形[10]

の二種類に分けることができる。すなわち、

(a)　体言　見ゆ

(b)　現在の動作を表す活用語の終止形　見ゆ

ということになる。

「見ゆ留」の文はかなり多数存在するが、ほとんど例外なしに主格語がある。[11] これは、「見ゆ留」の文の持つ大きな特徴である。

なぜ主格語がかならず存在するのか、必要とされるのか。それは多分、文を完結しようとするとき、「見ゆ」だけでは表現が不完全である。「何が」見えるのか、その「何が」に相当するものを表現する必要がある。そういうことだろう。ともかく、ここでは、主格語がほとんど例外なしに存在するという顕著な事実が重要である。

そこで、前掲の(a)(b)は、それぞれ、

(c)　事物（主）　見ゆ（述）

(d)　事物（主）（ア）　事物の現在の動作（終止形）（述）（イ）　見ゆ（述）（ウ）

のように書き改められる。

(c)の構文は、現代語の、

5　山が　見える

6　海が　見える

などと全く同一の構文であって、特に問題はない。しかし、(d)の構文には大きな問題がある。すなわち、(d)の文の成分の関係の仕方をどう捉えるかという問題である。『手爾波大概抄』以下の諸文献における「見ゆ留」についての記述も、当初は、この(d)の構文についてのものだったのだろう。

日本古典文学大系『万葉集二』では、

7　鴬の声《おと》聞くなべに梅の花吾家《わぎへ》の園に咲きて散る見ゆ（万葉・五・八四一）

の(d)の構文の該当部分に、「梅の花が、わが家の園に咲いて散るのが見える」という訳を当て、また、

8　難波潟《なにはがた》潮干に立ちて見わたせば淡路の島に鶴《たづ》渡る見ゆ（万葉・七・一一六〇）

の該当部分に、「鶴が飛び立って行くのが見える」という訳を当てている。訳文からその文構造がどのように捉えられているかを読み取ることは難しいが、共通して、

事物（ア）　が　事物の動作（イ）　のが　見える（ウ）

という定型がとられていることから推して、

(e)　事物（ア）　が　事物の動作（イ）　のが　見える（ウ）

のような構造だと捉えられているらしい。つまり、最初に（ア）と（イ）が主述の関係で関係し結合し、その

複合的成分が（ウ）と主述の関係で関係する、と考えているようである。

山田孝雄氏は、この「見ゆ」について、

用言の原形は文の述語となりてしかもその文を以て準体句として「見ゆ」といふ語に対しての主格に立たしむることあり。(12)

と述べ、更に、「見ゆ留」の例をあげ、

これらはこの形にて主語となれるものなり。この用法は後世に存せぬものにしてこの期の一特徴とす。而上の例みな「みゆ」を述語とせるは蓋、其慣用に限りあるを示せるものなるべし。(13)

と述べているので、山田氏も、(e)の構文のように見ていたようである。

また、佐竹昭広氏は、「見ゆ」について広く論じ、その中で、

要するに、古代の「見ゆ」は、上の文を完全に終結させた後で、それを受けているのであって、(14)

と述べている。これは、「見ゆ」の直前で文が終止していると見ているようにも読める。しかし、石垣謙二氏の「作用性用言反撥の法則」を参考に、

これら（＝「見ゆ留」(14)の文）は作用性名詞句を主部に持つ複文であるにもかかわらず、述部が「見ゆ」という動詞になっている。(14)

のように「複文」と捉えているし、更に、五味保義氏の論(15)に注目し、

（五味保義氏は）動詞の終止形からつづく「見ゆ」が「見える」意ではなく、「現在何々しつつある」気持だということを指摘された。「見ゆ」に「つつ」の意を擬した五味氏の解釈には、「見ゆ」の形状性が見事に摑まれていると言わねばならない。(14)

と述べていることなどから、構文としては、佐竹氏もやはり、(e)のような「複文」を考えているように思われる。

春日和男氏が、

状景の内容である一つの動作が主部になって目に映る。[8]

と述べているのも、同様な考えを示すものと思われる。そして、管見によれば、その他の論考においても、(e)のような複文の構文という見方をしているものばかりである。

三、「見ゆ」の上位成分は準体句か

しかし、従来の説のように見るには、いろいろな問題がある。まず第一に、活用語の終止形はまさに文を終止する形であって、無条件に文中の文の成分にはならない、ということがある。山田孝雄氏は、

準体句の形に二種あり。一は述語が連体形をとれるもの、一は述語が完全なる終止をなせるものこれなり。この述語が完全なる終止をなせるものは多く引用にあらはるるものなるが、それは上に引用語句の項中につきて例示せればいはず。この他に次の如き用例あり。[16]

と述べ、「見ゆ留」の例を六例あげている。この後に、前掲の、

これらはこの形にて主語となれるものなり。この用法は後世に存せぬものにしてこの期の一特徴とす。而上の例みな「みゆ」を述語とせるは蓋、其慣用に限りあるを示せるものなるべし。[13]

が続くのだが、「見ゆ留」にしか見られない終止形終止の成分を「準体句の形」の一種と認め、逆に、「而上の例みな「みゆ」を述語とせるは蓋、其慣用に限りあるを示せるものなるべし。」と断じてしまうのはいかがなものだろうか。同じ視覚にかかわる動詞「見る」は、次の例のように、連体形で終止する準体句に接続しているので

ある。

9　藤波の佐伎由久《サキユク》見れば霍公鳥《ほととぎす》鳴くべき時に近づきにけり（万葉・一八・四〇四二）

10　松の木の奈美多流《ナミタル》見れば家人《いはびと》のわれを見送ると立たりしもころ（万葉・二〇・四三七五）

用例9の「佐伎由久」は、一見、終止形と区別できないが、「藤波の」という成分が主格に立っていることから、連体形と判定することができる。

次に、もし(e)のような構文であれば、（ア）と（イ）の結合した準体句に、係助詞、副助詞、あるいは格助詞などの接続した例があってもよさそうなものだが、そういう例はまったく認められない、ということがある。ここでも、「見る」には、

11　梅の花折り插頭《かざ》しつつ諸人《もろびと》の遊ぶを見れば都しぞ思《も》ふ（万葉・五・八四三）

のように「連体形（準体句）＋を」という例が存在することが比較されるのである。

また、もし(e)のような構文であったら、（ア）の成分に格助詞「の」の接続した例、たとえば、

12　＊月の　渡る　見ゆ

のような例が一つぐらいあってもいいはずである。しかし、そういう例は皆無であり、(17) ほとんどが助詞を伴わない形、すなわち、

13　月△　渡る　見ゆ

のような形になっている。ここでもまた、前掲9、10、11などの「見る」の文における準体句の主格成分がすべて格助詞「の」を伴っていたことが想起される。

したがって、上代の文献に見える「見ゆ留」の構文は、中古以降の、

14　ふるさとにあらぬものから我がために人の心のあれて見ゆらむ（古今・恋四・七四一）

15　かひもなき巣をたのめばや時鳥身を卯の花の咲くも見ゆらむ（宇津保・祭の使）

16　清げなる童など△　あまた出で来て閼伽奉り花折りなどするも、あらはに見ゆ（源氏・若紫）

17　女車のことごとしきさまにはあらぬ△　一つ……橋より今渡り来る見ゆ（源氏・宿木）

18　遥かなる軒端より狩衣姿△　いろいろに立ちまじりて見ゆ（源氏・手習）

19　くもつよりすすめくりするこし船のおき漕ぎさかるほのぼのと見ゆ（『抄之抄』所引堀川次百）

20　箱根路を我がこえくれば伊豆の海や沖の小島に波のよる見ゆ（続後撰・羇旅）

などとは、根本的に異なるものであると考えなければならない。

第三節の一で取り上げたテニハ関係の研究書の誤解や混乱も、こういう上代と中古以降の語法の違いを理解できなかったためではないかと思われる。

更に、「見ゆ留」の文には、(ア)に格助詞「の」の付いた例がないどころか、そこに係助詞「は」が付いている例のあることが注目される。先に、例文13をあげて、「ほとんどが助詞を伴わない形」であると述べたのは、ここに取り上げる「は」の存在があったからである。

21　韓国《からくに》の城《き》の上《へ》に立たし大葉子幡《ハ》領巾《ひれ》振らす見ゆ難波へ向きて（欽明紀・歌謡一〇一）

22　み吉野の高城《たかき》の山に白雲者《ハ》行きはばかりてたなびけり見ゆ（万葉・三・三五三）

23 汝《な》が恋ふる妹の 命《みこと》者《ハ》飽き足《だ》らに袖振る見えつ雲隠《くもがく》るまで（万葉・一〇・二〇〇九）

24 久方の月は照りたりいとまなく海人《あま》の漁火《いざり》波《ハ》ともし合へり見ゆ（万葉・一五・三六七二）

25 かる臼《うす》は田廬《たぶせ》のもとにわが背子者《ハ》にふぶに笑《ゑ》みて立ちてます見ゆ（万葉・一六・三八一七）

もし(e)のような構文だと考えると、青木伶子氏の、係助詞「は」は、「従属句たる連体句、及び準体句に於ける主語を承ける事が出来ない[18]。」という指摘と矛盾することになる。

更にまた、

26 飼飯《けひ》の海の庭好くあらし刈薦《かりこも》の乱れ出づ見ゆ海人の釣舟△（万葉・三・二五六）

27 天《あま》の海に月の船浮け桂楫《かつらかぢ》かけて漕ぐ見ゆ月人壮子《つきひとをとこ》△（万葉・一〇・二二二三）

28 刈薦の乱れて出づ見ゆ海人の釣舟△（万葉・一五・三六〇九）

などのように、

(f)　事物の動作（イ）　見ゆ（ウ）　事物（ア）

という構文の存在する事実も、（ア）に係助詞「は」の付くことと同様な意味で、(e)のような構文だと見ることとの障害となる。

四、「見ゆ留」の「見ゆ」は助動詞か

(e)の構文が認められないということになると、これに代わって考えられるのは、次の二つであろう。

(1)「見ゆ」を助動詞と考える。

(2) 中古以後の構文には考えられない成分の関係の仕方を認める。

まず(1)の考え方について検討する。たしかに、「見ゆ」を終止形接続の助動詞と見なすともろもろの障害は解消する。「みゆ」を中古になって発達する「めり」と同じような助動詞と考えるわけである。『手爾波大概抄』などのテニハ研究書が「見ゆ留」を「つつ」や「かな」「けり」などと一緒に取り上げているのも、「見ゆ」をテニハの一つと見るような考え方が当時あったからだろう。

「見ゆ」に、本動詞としての用法が存在することは明確な事実である。前掲の(c)の構文では、「見ゆ」は一つの文の成分(述語)を構成する動詞である。しかし、このことは、(d)の構文における「みゆ」が助動詞であると考えることと全く矛盾しない。なぜならば、(c)の構文の「見ゆ」と(d)の構文の「みゆ」とを同一の語と考えなければならない理由はないからである。(c)の構文の方は動詞であり、(d)の構文の方は助動詞であると考えることは可能であろう。動詞と補助動詞などそれに近い関係の例がないわけではない。

しかし、この(d)の構文の「見ゆ」は、第三節の三にあげた14~20の例のように、中古以降、完全な文の成分を構成する自立語として用いられるようになる。日本語の歴史では、自立語が徐々にその概念性を失って付属語化していくのが普通で、その逆はまずない。そういうことを考えると、「上代に『みゆ』という助動詞があった」という(1)の仮定は不当なものだったということになる。

また、(d)の構文の「見ゆ」にも、動詞と見るに十分な概念が存在している。しかも、構文の説明上都合がいい

からと言って、「見ゆ」を助動詞だとしてしまったのでは、最初に提起した、「なぜ『見ゆ』は活用語の終止形に接続するのか」という疑問も解消されずに終わってしまうことになる。そこで、もう一つの、

(2) 中古以後の構文には考えられない成分の関係の仕方を認める。

について考えることにする。

五、複述語構文の想定

第三節の二に掲げた、(d)の構文を再掲する。

(d) 事物 (主) ／ 事物の現在の動作（終止形）(述) ／ 見ゆ (述)
　　（ア）　　　（イ）　　　　　　　　　　　（ウ）

ここまで諸説を参考にいろいろと検討してきたことを踏まえて、次のように結論される。つまり、（ア）（イ）（ウ）の三つの文の成分からなるこの文は、まず（イ）で切れる。また、（ア）と（イ）が関係して複合的成分を構成し、それが（ウ）と関係するという構文、つまり、(e)のような構文ではない。この結論を満足させる構文は、次の二つだろう。

(g) 事物 (主) → ← (述) 事物の動作。見ゆ。
　　（ア）　　　　　　（イ）　　　（ウ）

(h)

(g)は、たとえば、

(i) 妻 立てり。』見ゆ。

のように、二つの文に切れるものとして見ようというものである。それに対して、(h)は、ほぼ、

(j)

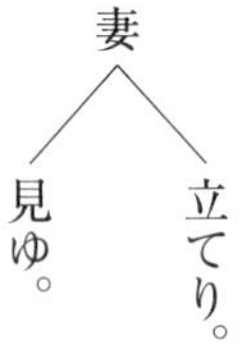

と図示することができるような構文と見ようというのである。両者は（イ）の成分のところで終止して切れる点では共通しているが、(g)が（ウ）は一語で一文をなしていると見ているのに対して、(h)は、（ア）が（イ）とともに（ウ）とも関係を構成していると見るところに違いがある。

一つの文が「みゆ」という二音節だけで構成されるというのは、いかにも不安定で頼りないが、それは差し措くとしても、(g)の構文と見るには、次にあげるような多くの問題がある。

(1) (c)の構文にはすべて主格語が存在する。それは、第三節の二にも述べたように、「見ゆ」だけでは表現が不完全で、「何が」見えるのか、その「何が」に相当するものを表現する必要があるからだろう。しかし、(d)の構文にもすべてに主格語が存在するのはなぜか。

(2) (c)の構文では「見ゆ」の主格語がかならず存在するのに、(g)の構文では、ただ「見ゆ」だけで、主格語が存在しないのはなぜか。

(3) (g)の構文では「見ゆ」一語文の性格が明確でない。

(4) (d)の構文の（イ）の成分は、すべて終止形で現在の動作を表すものであるが、(g)のような構文であるならば、過去を表すものでも未来を表すものでもいいのではないか。

(5) (g)の構文と見るにしても、何が見えるかというと、結局のところ、（ア）が（イ）の動作をするのが見えるのではないか。したがって、二つの文に分けることはできないのではないか。

(6) 第三節の三に列挙した用例14から20までに見られるように、中古以降、「見ゆ」は一つの文ではなく、文を構成する一つの成分になる。これとの関連はどのように説明されるか。

(h)の構文は、これらの問題点を解消するようなものとして考えられたものだが、具体例によって説明すれば、

(k) 海人　漕ぎ来。　見ゆ。

ということで、こういう関係構成は現代語の文構造にはないので、「海人が漕いで来る。海人が見える。」とでも現代語訳するほかないが、しかし、この(h)の構文は、

主　述

(l) 海人の　漕ぎ来る　見ゆ。

とも、

主　述

(m) 漕ぎ来る　海人　見ゆ。

とも、厳然と区別されるべきものである。

この(h)の構文には、中古以後の文には考えられない、「一つの文に二つの述語が存在する」という大きな問題があるが、それは、日本語の構文には時代を通して基本的な変化がないという立場に立っての考えであり、中古以降にはない構文について素直に考えればこういう結論に到達するしかないのである。

ここで、もう一度重視すべきは、「見ゆ留」の文は、「見ゆ」の直前で切れているということである。そして、いろいろな問題、疑問を解消するには、(h)の構文と見るしかない。(h)の構文は、一つの主格語に対して二つの述語が存在する。そこで、「複述語構文」と呼ぶことにする。「複述語」と言っても述語は二つなのだから「二述語構文」と呼んでいいが、しばらく、前者に従うことにする。

第四節　「なり留」の構文

一、「見ゆ留」の構文に酷似

さて、実は、〈終止なり〉の原形を考えるために、「見ゆ留」の文について詳しく検討してきたのである。〈終止なり〉の文も、当然のことながら必ず終止形に接続している。またほとんど例外なく主格語が存在する。[19]そして、助詞の付き方など、「見ゆ留」の文に酷似しているところから、まず、「見ゆ留」の構文について検討したのだった。

そこで、「見ゆ留」の構文と〈終止なり〉で終わる(留める)「なり留」の構文とを対照してみると、「なり留」の文には、

(c)　事物（主）　見ゆ（述）

という構文に対応するものはない。つまり、事物としての体言に直接接続する例はない。これは、「見ゆ」が自立語（動詞）であるのに対して、〈終止なり〉は付属語（助動詞）であるから、当然のことである。このことに関しては後でまた取り上げるが、終止形に接続する〈終止なり〉は、

29 東風《あゆのかぜ》いたく吹くらし奈呉《なご》の海人《あま》の釣する乎夫禰《ヲブネ》△　許芸可久流《コギカクル》　見由《ミユ》（万葉・一七・四〇一七）

天の河浮津之浪音《ウキツノナミト》△　佐和久《サワク》　奈里《ナリ》　わが待つ君し舟出すらしも（万葉・八・一五二九）

30 白栲の衣の袖を麻久良我《まくらが》よ安麻《アマ》△　許伎久《コギク》　見由《ミユ》　波立つなゆめ（万葉・一四・三四四九）

ぬばたまの夜は明けぬらし多麻《たま》の浦に求食《あさり》する多豆《タヅ》△　奈伎和多流《ナキワタル》　奈里《ナリ》（万葉・一五・三五九八）

31 久方の月は照りたりいとまなく海人の伊射里波《イザリハ》　等毛之安敝里《トモシアヘリ》　見由《ミユ》（万葉・一五・三六七二）

庭つ鳥柯稽播《カケハ》　儺倶《ナク》　儺梨《ナリ》（＝鶏は鳴くなり）野つ鳥雉《きざし》は響《とよ》む（継体紀・歌謡九六）

32 刈薦《かりこも》の　美太礼弖出《ミダレテイヅ》　見由《ミユ》　安麻能都里船《アマノツリブネ》△（万葉・一五・三六〇九の一本）

物思ふと寝《い》ねず起きたる朝明《あさけ》には和備弖鳴成《ワビテナクナリ》　鶏《ニハツトリ》　左倍《サヘ》（万葉・一二・三〇九四）

のように一つ一つの型が対応している。この酷似は偶然のものとして見過ごしてはならないものだろう。

そこで、「見ゆ留」の文の場合と同様な手順で検討を続けていくと、当然の結果として、「見ゆ留」の場合と同様に、

(1)〈終止なり〉を助動詞と考える。

(2) 中古以後の構文には認められない成分の関係の仕方（複述語構文）を認める。

という、二つの考え方に絞られることになる。従来は、疑うこともなく、⑴の方をとってきた。そして、〈終止なり〉の場合は概念性を持たないから助動詞と見なしても何の不都合もない。終止形に接続する助動詞があってもいいではないかということになる。しかし、それでは終止形に接続する理由を考究することを放棄することになる。⑴の考え方をとるのは、⑵の考え方について検討し、それを否定した上でのことではなかった。⑵の考え方の方向に考察を進めることによって、〈終止なり〉の原形と終止形に接続する理由が見えてき、更に、〈終止なり〉の表す語義的意味までが明らかになってくることが期待される。

二、複述語構文の想定

⑵の立場は、関係構成を、

(n) 浪音△（主） 騒く。（述） なり。（述）

(o) 鶴△（主） 鳴き渡る。（述） なり。（述）

(p) 鶏は（主） 鳴く。（述） なり。（述）

などのように捉えようとするものであり、これを抽象一般化すれば、

(q) 音を出すもの・音声そのもの（主） 音を出す行為・音が出ているときの動作（述） 。なり。（述）

ということになる。ここでも、「見ゆ留」において検討した(g)と(h)のいずれの構文がいいかという議論になるの

だが、結論は(h)の構文ということになるので、この検討は省略する。

(q)の構文を認める立場に立つと、〈終止なり〉が終止形に接続しているように見える理由も理解できるし、「な(音)あり」原形説の妥当性も支持できるが、この構文では、〈終止なり〉は助動詞ではなく、「見ゆ」同様に、概念を有し一語で文の成分を構成することができる自立語であるということになる。更に言えば、その原形の語義的意味通り、「音がある」という、音声の存在すること、あるいは、音声の存在することを認識することを表すラ変動詞であって、「伝聞」とか「推定」とか「詠嘆」とかいう、いわゆる辞的な意味を表すものではないということになる。つまり、前掲(n)(o)(p)などは、

(n) 浪の音が騒いでいる。(浪の音が) 音がある。

(o) 鶴が鳴いて渡っている。(鶴が) 鳴声がある。

(p) 鶏は鳴いている。(鶏は) 鳴声がしている。

のような表現の仕方をしているものであると解釈される。

この(2)の立場が認められるかどうかについては、後で詳しく検討することにして、更に考察を進めるが、このように、「なり留」の文を「複述語構文」と考え、〈終止なり〉を音声の存在することや音声の存在することを認知する意を表す動詞だと見なす立場に立つと、伝聞推定説に反対する人たちの、

①これ(=〈終止なり〉の接続する語が話し手の「聞く」行為と常に何らかの意味で関係していること 筆者注)は、乙説(=伝聞推定説 筆者注)の成立する、いわば必要条件であって、唯一の積極的な論拠となる事実である。ところが、ここで概念の恣意的な拡大が、妥当性を欠くまでに行なわれている。[20](傍線筆者)

とか、

② ナリの上に既に「音す」「声す」「いふ」など、音や声の聞えることが記されているのに、更にナリにより伝聞をつけ加える必要があろうか。却って、この点に松尾説に対する疑問を感ずる。もしこのナリを伝聞と解するなら、「音す」「声す」「いふ」「鳴く」事自体を更に伝聞するの意味になってしまうのではないか[21]。

③ このはあくは虫の声を聞いたものとしたとき可能となる。だから、「虫の声すなり」と「人まつ虫」との間には、緊密な関係があるのであって、ここでは、作者が「人まつ虫の声」と断定したところに面白みがあるわけである[22]。

などの疑問も自然に解消し、更にまた、

についても、その言わんとするところがよく理解できるのである。

①は、その研究論文の副題「王朝仮名文学作品を資料として」からも明らかなように、主に中古の文献に用いられている「なり」について検討したものである。しかし中古の「なり」は上代の「なり」からはかなり変化しているので、ここでまともに取り上げるのは当たらないかもしれない。ただ、上代の用例に当てはめて言えば、

33 わが恋ひし君　来ます　なり（万葉・八・一五一八）

のように、「来ます」という特に話し手の「聞く」行為と関係のない動詞に接続している例にまで拡大解釈することの非を言うのだろう。しかし、「複述語構文」を認める立場からは、この「来ます」は〈終止なり〉に直接接続しているのではなく、「わが恋ひし君」の動作を表しているものであって、「概念の恣意的な拡大が、妥当性を欠くまでに行なわれている」ことには、まったくならないことになる。

次に②については、「音すなり」は、「複述語構文」を認める立場からすれば、

(r) 音 す なり。

という構文でも

(s) 音 す なり。

という構文でもなく、

(t) 音 す。なり。

という構文である。したがって、竹岡正夫氏が懸念するように、「音す」を更に伝聞しているのではなく、「音がする。（音が）音がある。」という表現なのである。竹岡氏は、「音や声の聞えることが記されているのに……」と言うが、「聞えること」とは表現のどこにも「記されて」はいない。「音す」「声す」は、あくまでも「音がする」「声がする」という意味でしかなく、決して「声が聞える」という意味は持たない。「見ゆ留」の文の場合にも、見えているからこそ、「釣する小舟漕ぎ隠る」とか、「妻立てり」とか言うのだが、その表現だけでは、「見えることが記されている」ことにはならない。だから、「見ゆ」が添うのだが、それと同断である。

ただ、「音すなり」などの場合、「音がする。音がある。」と重複した表現になってしまう。しかし、これは「音すなり」だけを切り取ることに問題があるのであって、実際の用例はかならず「○○の音すなり」の形で出てくる。したがって、「○○の音がする。音がある。」ということになるのだが、これも「見ゆ留」の場合同様、「○○の音がする」は客観的な現象の表現、「音がある」はそれを聴覚で認識したことの表現だと考えれば、無理な表現ではない。更に言えば、当時は、「音《ね》を泣く」「いをぬ（寝）」あるいは「いはく～いふ」など、さまざまな重複表現があったことも考え合わせられる。

最後に③について見るに、〈終止なり〉は「あり」を後部造語成分としているのだから、「断定」説が生まれるのは当然であり、ある意味で正当であるとも言える。たとえば、

34　ますらをの鞆《とも》の音すなり　もののふの　大臣《おほまへつきみ》　楯《たて》立つらしも（万葉・一・七六）

などにしても、「鞆の音がする。音がある。」としっかり断定したのでなければ、下の句「楯立つらしも」の「らしも」という、根拠に基づいた推量の表現が生きてこない。しかも、この「らし」はその点には無関係にあげた29～32の中に三例も数えられるように、「なり留」「見ゆ留」の歌に頻出するのである。

ちなみに、旧来説かれてきた「詠嘆」説や遠藤嘉基氏の「情意」説は、〈終止なり〉が連体修飾法に立てるということからも否定される。詠嘆的な意味は、文全体の意味から生じるものだと考えられる。

「複述語構文」を認める立場に立つと、上代における主格語と呼応しない唯一の例、

35　皆人を寝よとの金者打礼杼《カネハウツナレド》　君をし思《も》へば寝《い》ねかてぬかも（万葉・四・六07）

の傍線部も、

（u）　鐘は　打つ。　なれど

ということになって必ずしも例外ではないということになる。

第五節　〈終止なり〉の原形

一、動詞「鳴り」「鳴る」の活用の種類

以上、〈終止なり〉が助動詞ではなく、それだけで文の成分を構成する自立語、動詞であるという立場に立って考察を進めてきた。そうして、そう想定することによって、いろいろな疑問点が解消された。そこで、順序として、この想定の妥当性についての検討が必要となる。〈終止なり〉は動詞として認めることができるだろうか。「な（音）あり」が〈終止なり〉の原形であるとする立場からは、〈終止なり〉が動詞であった時期が存在したことを想定することは容易である。「な（音）」＋「あり」が融合してできた〈終止なり〉には概念性があり、助詞「に」＋「あり」からできた〈体言なり〉や〈連体なり〉、あるいは助詞「て」＋「あり」や助詞「と」＋「あり」からできた「たり」などとは根本的に違った自立語であることになる。〈終止なり〉がその原初のある時期に動詞であったという見通しをもって、文献に現れる用例からその可能性を帰納的に検討してみることにしたい。

まず、〈終止なり〉の原形が動詞であるとすれば、

(v) 事物（主） なり（述）

のように、「事物」を表す体言に直接接続する例があってもいい。「見ゆ留」には、

(c) 事物（主） 見ゆ（述）

という例が多数あった。

しかし、〈終止なり〉にも動詞の例があるかもしれないのである。何故なら、たとえば、万葉集に見える、

36 伊香保嶺《ね》に可未奈那里曽禰《カミナナリソネ》（雷《かみ》な鳴りそね）（万葉・一四・三四二一）
37 光る神　鳴波多㜸嬬《ナリハタヲトメ》（鳴りはた少女）（万葉・一九・四二三六）
38 足引の山河の瀬の響苗尓《ナルナベニ》弓月が嶽に雲立ち渡る（鳴るなべに）（万葉・七・一〇八八）
39 この床《とこ》のひしと鳴左右《ナルマデ》嘆きつるかも（鳴るまで）（万葉・一三・三二七〇）
40 負征箭《おひそや》のそよと奈流麻涅《ナルマデ》嘆きつるかも（鳴るまで）（万葉・二〇・四三九八）

など五例の「鳴り」「鳴る」は、ここで問題にしている〈終止なり〉の原形、あるいはそれに近いものではないかと思われるからである。ちなみに、この「鳴り」「鳴る」は万葉集には以上の五例しかない。

「鳴り」「鳴る」の終止形は「鳴る」であり、「鳴り」「鳴る」はラ変ではなく、四段活用であるとされている。その論拠はどこにあるのか知らないが、上代、中古を通して主要古典には、終止形の確たる用例が見出せない。辛うじて求めえた、

41 打ち寄する浪の花こそ咲きにけれ千代まつ風や春になる（馴る・鳴る）らむ（後撰集・二〇・一三七五）

なども、助動詞「らむ」はラ変動詞の場合にはその連体形に接続するから、この「鳴る」が四段「鳴る」の終止形なのか、ラ変「鳴り」の連体形なのか判別することができない。「鳴り」「鳴る」もおそらく「な（音）」＋「あり」が融合してできたものであり、原初の形はラ変動詞であった可能性は否定できない。

前掲の万葉集の五例に共通して見られる特徴は、「鳴り」「鳴る」の主格に立つ語が、能動的に音声を発する動作や行為のできないものであるということである。「雷」にせよ、「光る神」「山河の瀬」「床」「負征箭（矢）」にせよ、本来意志的に音声を発するものではない。それらは、「雁」が鳴き渡るとか、「船」が漕ぎ来るとかの動作において音を出すのとは違って、ただ「音がある」のである。たしかに、一方には、

42　おほくらの入江△　響《とよ》むなり（万葉・九・一六九九）

のように、能動的に音声を出す動作・行為のできない主格語「入江」に、音声を出す動作・行為「響む」が関係している例もある。しかし、前掲の五例に「鴨」とか、「雁」とか、あるいは「梶の音」など、「能動的に音声を発するもの」が皆無であることは、注目すべきである。用例のこのようなあり方から、「鳴り」「鳴る」は、音声を発する動作・行為があって音が出る、そして「音がある」、というときには、かならずその動作・行為を表現する、すなわち、「なり留」の「複述語構文」を構成したのではないかということが想定される。現代では基本語の一つになっている「鳴り」「鳴る」が、上代、中古を通じてきわめて少数しか用いられていない理由も、こういう事情と関連するものだろう。四段活用として何の疑いを持たれなかった「鳴り」「鳴る」が原初はラ変だったとは信じがたいかもしれないが、現代語の「ある」も上代、中古を通じて、終止形は「あり」だったことを思えばそれほど信じがたいことでもない。

二、「鳴るなり」の認められない理由

次に注意されるのは、「鳴るなり」と続いた例が文献に見えないということである。前述のように、「鳴り」「鳴る」の用例そのものが僅少なのだが、「鳴くなり」や「響《とよ》むなり」などが容易に見出せることを考えると、やはり何か偶然ではない理由があるのではないか。それは、「鳴り」「鳴る」と〈終止なり〉の語義的意味が同一範疇のものだからではないか。

そう想定してみると、前掲の用例35が、「鐘は打つなれど」であって、

43　鐘は　鳴る　なれど

などとなっていないことも理解できる。正岡子規は、

44　柿食へば　鐘が鳴るなり　法隆寺

と詠んだが、管見によれば、上代はもちろん中古にも、「鐘鳴る」「鳴るなり」「鐘が鳴るなり」などという表現は認められない。

三、〈終止なり〉を「鳴」と表記した例

最後にもう一つ、〈終止なり〉の表記に「鳴」の字が用いられていることについて考えておきたい。

45　さ夜深《ふ》けて穿江水手鳴《ホリエコグナル》（堀江漕ぐなる）松浦船梶の音高《と》し水脈《みを》早みかも（万葉・七・一一四三）

46　梶の音そ髣髴為鳴《ホノカニスナル》（ほのかにすなる）海未通女《あまをとめ》沖つ藻刈りに舟出《ふなで》すらしも（万葉・七・一一五二）

これについて、田島光平氏は、

この「鳴」には音を詠んだ点からいって表意的なある種の意図は感ぜられるけれども、接続と意味とから考えて「鳴る」という動詞とは考えられず、やはり表音的用法と見るべきであろう。(23)

と述べているが、「複述語構文」を想定すれば、田島氏の懸念する接続と意味とに矛盾することなく、「鳴り」というラ変動詞が存在し、その表意的表記であると見ることが可能となる。

この「鳴」字表記は〈体言なり〉には使用例がなく（上代には〈連体なり〉はまだない）、また、音声や音響に関係する場面に限って用いられていることから、「伝聞・推定」説の有力な論拠の一つになっている。しかし、その表意的表記という見方をもう一段進めて、〈終止なり〉の原形はラ変動詞「鳴り」だった―そういう「複述語構文」があった―という想定を支持するものにならないか。

四、係助詞「ぞ」の問題

もう少し想定をたくましくすると、上代においても、「なり」はまだ動詞であり、〈終止なり〉は存在しなかった、と言えるかもしれない。しかし、ここで見落としてはならない重要な問題がある。それは、係助詞「ぞ」の問題である。「なり留」の文には、係助詞は「は・も・ぞ」の三つが用いられ、他の「や・か」などは用いられないが、それはともかくとして、この「ぞ」による係り結びのあり方が「なり」を本動詞と考えることの障害となる。すなわち、たとえば、

47 鴨ぞ　鳴く。　なる。

などは、

48 鴨ぞ↓　↑鳴く。↑なる。

という構文と見て問題はない。しかし、

49 大和には鳴きてか来《く》らむ呼子鳥△象《きさ》の中山呼びぞ越ゆなる（万葉・一・七〇）

50 奈呉《なご》の海に潮《しほ》のはや干《ひ》ば求食《あさり》しに出でむと鶴《たづ》は今ぞ鳴くなる（万葉・一八・四〇三四）

などでは、「なり」を文を構成する成分（述語）と認めることが難しくなる。つまり、用例49では、「呼びぞ」を受ける結びは「越ゆなる」であって、「越ゆ」と「なり」は切れた構造になっていない。また、用例50でも、「今ぞ」の結びは「鳴くなる」であって「鳴く」と「なり」は切れていない。

五、〈終止なり〉の原形

「見ゆ留」の文には、係助詞は「は」と「も」が用いられるだけで、「ぞ」「こそ」など連体形や已然形の結び

を要求する係助詞の用いられた例はない。この点に、「見ゆ留」の文と「なり留」の文との大きな違いがあるのだが、この違いは「見ゆ」と「なり」の語義的意味に関係するものであるらしい。すなわち、形のある「事物」は動作・行為をしようがしまいが、存在すれば見える。したがって、「見ゆ」には、

事物 見ゆ。

という表現が容易に存在する。その場合にいちいち、

事物 あり 見ゆ。

と丁寧に表現する必要はない。それに対して、ラ変動詞「鳴り」の方は、音声を出すものがその音声を出す動作・行為をしなければ「鳴り」という状態にはならないことが多い。したがって、

事物 鳴り。

という表現は、無条件には存在しえなかった。

「見ゆ」は、事物としての体言を主格語として、それと直接関係する述語となることができるということから、常に自立語（詞）としての性格を失うことがなかった。それに対して、「鳴り」の方は、そういう表現がきわめて少なかったから、換言すれば、動詞の終止形に接続しているように見える形—「複述語構文」—をとることが多かったから、常に付属語化（辞化）する方向にあった。この差異が、係助詞の用いられ方にも表れているのだと考えられる。

そうして、この差異が、「なり留」「見ゆ留」の文における「複述語構文」の消滅において、前者では「鳴り」を付属語化し、後者においては第三節二にあげた、

(d) 事物（主） 事物の現在の動作（終止形）（述） 見ゆ。（述）

のような構文は絶対にとらない、そして付属語化はしない、というように、両者に全く逆方向の道をとらせたのだろう。

結局、最後になって、係助詞「ぞ」の問題から、「なり留」の文は「複述語構文」をなすものではなく、〈終止なり〉は付属語、助動詞であるということになったが、「なり留」の文が「複述語構文」であった時期が文献時代をそれほどさかのぼらない時期にあった可能性は十分にあり、〈終止なり〉の原形がラ変動詞「鳴り」であること、それに関連して語義的意味を「推定・伝聞」とする説も支持されることなど、〈終止なり〉の成立に関する問題に一応の解答が得られたように思われる。

第六節　おわりに

以上、「なり留」の文は、「見ゆ留」の文に見られるような「複述語構文」の残影をとどめながらも、すでに「なり」が助動詞化してしまっていること―〈終止なり〉の成立―を見、それに意味づけをしてきた。「なり留」の文が、「なり」の終止形接続という点において「見ゆ留」の文と共通していることなどから、〈終止なり〉を「見ゆ」と比較することによって考察を進めてきた。

しかし、「見ゆ」はむしろ「聞こゆ」と対応するものであって、〈終止なり〉は〈めり〉と対照されるべきではないかと懸念される。たしかに中古の語彙体系からすれば、

見ゆ——聞こゆ
めり——終止なり

という体系図ができるだろう。しかし、上代には「めり」の用例は皆無に等しいのだから、むしろ、

見ゆ——聞こゆ
見ゆ——終止なり
（めり）……

のような体系図になる。「めり」は中古になって多用される助動詞で、上代にも存在はしたが、「見ゆ」の勢力に圧倒されていた。その「めり」が多用される時期（中古）には、「見ゆ」の「めり」的用法、つまり「複述語構文」はなくなっていたのだから、両者は両立することがなかった。したがって、「めり」は右の図から取り除くべきものである。また、上代に動詞「鳴り」が存在した可能性のあることも考察した。そこで、上代の状態を再度図式に表せば、次のようになる。したがって、〈終止なり〉を「見ゆ」と比較することによって考察したのは間違いではなかったと言える。

上位語	視覚	聴覚
〈事物〉	見ゆ	聞こゆ　鳴り
〈事物〉＋〈動詞などの終止形〉	みゆ	なり

最後に、本章の考察で得られた結論をまとめておく。

(1) 「見ゆ留」の文は、主格語と二つの述語から構成される「複述語構文」である。
(2) 〈終止なり〉の原形が「に＋あり」ではなく、「な（音）＋あり」であることが、構文の上からも言える。
(3) 四段活用とされている「鳴り」「鳴る」は、上代、あるいはそれ以前においては、ラ変活用であった可能性が高い。
(4) 〈終止なり〉は、このラ変動詞の一用法から助動詞化したものと考えられる。
(5) 〈終止なり〉が終止形に接続するのは、上代だけに存在した特殊な構文、「複述語構文」のなごりであるらしい。
(6) 〈終止なり〉の有する本来的な語義的意味は、「詠嘆」でも「伝聞・推定」でも、「断定」でもない。「音がある」という、音声の存在すること、あるいは、音声の存在することが認知されることについての断定的表現である。

⑹にあげた、〈終止なり〉の有する本来的な意味は、新説というほどのものではない。春日和男氏は、

> 直接音響を表現する語に接続した「なり」は推定ではなく、音や声が実際聞こえてゐるの義である。[24]（傍点筆者）

と述べているが、それを出るものではない。ただ、本章で考察したことから、更に、直接音声を表現していない語に接続した〈終止なり〉の場合も、同様に音や声が実際に聞こえているの意になって、春日氏の説の正しさが一段と強められる。

従来の諸説について見るに、音響や音声との関連を全く無視している「詠嘆」説や「断定」説は正当とは言えない。また、「伝聞・推定」説は、音声と関連させているところは正当だが、それを伝え聞いたり推定したりするというのは言い過ぎである。

中古になると、〈終止なり〉は用例が激減し、また主格語との呼応が緩くなり、語義的意味も変化するが、本章は上代における成立の考察にとどめる。

第四章

複述語構文の検証

――「らむ」「らし」の成立――

第一節　はじめに

前章における考察によって、「見ゆ留」の文が「複述語構文」であると考えていいことはほぼ論証された。しかし、肝腎の〈終止なり〉の場合、上代においてもラ変動詞であったことの論証は難しく、中古になっては完全に助動詞化している。〈終止なり〉の原形が動詞「鳴り」であったという想定を補強するためには、他に類似の事例があることが大きな力になる。その類例というのが助動詞「らむ」「らし」である。

「らむ」「らし」の成立についても、従来いろいろな説が提唱されている。しかし、「あらむ」「あらし」がその原形であると考え、「あらむ」「あらし」が「複述語構文」を構成し、その後に「複述語構文」が崩壊することによって、助動詞「らむ」「らし」が成立したと想定することができれば、〈終止なり〉の成立に「複述語構文」を導入した想定が補強される。そういうことから、本章では、「らむ」「らし」の成立について考えてみることにする。

第二節　従来の諸説について

一、はじめに

考察の順序として、従来提唱されてきた「らむ」「らし」の発生、成立についての主な説について検討するが、その前に検討の方法について、一つのことを確認しておきたい。

「らむ」は、山田孝雄氏が、

「らむ」と「らし」とはその形に於いて又意義の関係に於いて「む」と「まし」に似たり。これらは恐らくは語根を同じうするものならむか。(1)

と述べてから、「らし」とセットで考察されるようになった。たしかに、

(1) 語形に関連性がありそうなこと。
(2) 意味が類似していること。
(3) 活用が不完全で、活用形が揃っていないこと。
(4) 下に助動詞が続かないこと。
(5) 活用語への接続の仕方が全く同じであること。

など、二つの助動詞の間には、きわめて深い関連のあることが想定される。そこで、原形や成立過程の考察に当たっても、両助動詞の関連を重視していくことにしたい。

二、「あらむ」「あらし」説について

「らむ」「らし」が「あらむ」「あらし」から「あ」が脱落してできたものであろうという説は、現在のところ、最も多くの人に支持されているのではないかと思われる。たしかに、佐伯梅友氏のあげた、

1 子泣かむ………子が泣くだろう
2 子泣くらむ……子が泣いているだろう

の対比からも、(2)「らむ」には、動詞「有り」の有する存在の語義的意味が感じ取られるのであり、浜田敦氏の、

その音相をも考慮に入れて、恐らくは動詞「有り」と関係づけることが出来るのではないかと思ふ。(3)

という推論は当を得ているように思われる。

福島邦道氏の、

最近はやりの、助動詞の起源をただちに自立語に求めて行く考え方には膠着語である日本語の特性からはまだ検討すべき余地があるようである。(4)

という警告は十分傾聴に値するが、それにもかかわらず、自立語に起源を持つ助動詞が多いという事実をふまえ、「らむ」「らし」が自立語から成立したという立場に立てば、ラ行音は語頭に立たないという上代の音韻法則から、「らむ」「らし」の前に別の音節が存在したことを想定しなければならなくなる。こういう事実からも、「あらむ」「あらし」説は、消極的な支持を受ける。

それでは、「あらむ」「あらし」説は、何故に定説になることができないのか。それは、いうまでもなく、この説にいくつかの問題点があるからだが、それについて検討する前に、他の説について検討しておきたい。

三、松尾捨治郎氏の説

松尾捨治郎氏は、「らむ」の起源について、次のように述べている。

複合した助動詞ら（完了りの将然）む（未来）と、単一の助動詞らむとは、其の所属を異にするのみでなく、意義も若干異なる点があるが、らむはらむから出来た者と思はれる。其は意義に共通の点が多い上に、両者に時代的関係があるからである。(5)

すなわち、松尾氏は、助動詞「らむ」は完了の助動詞「り」の未然形「ら」に推量の助動詞「む」のついたも

のから成立したとするのである。その論拠としてあげられているのは、

(1) 意義に共通の点が多いこと。

(2) 両者に時代的関係があること。

の二点である。まず、(1)について、松尾氏は、

　更に言へば、らむは有らむから発生した者と見られるが……有らむ　らむ　らむの三者には、共通した用法が認められる。[6]

と論じている。すなわち、「らむ」は、

　有ら＋む　→　ら＋む　→　らむ

という経路をたどって成立したとするのだが、これは意義の面からだけの推論で、接続や活用など形式の面は全く無視されている。

　完了の助動詞「り」が、たとえば、

　咲き＋あり　→　咲けり

　し＋あり　→　せり

のように、四段やサ変の動詞の連用形に「有り」が接続し融合した結果の形であることは、疑いをはさむ余地がない。「咲けり」の「咲け」は命令形（已然形）と同じ形をしており、「せり」の「せ」は未然形と同じ形をしていることから、「咲け＋り」「せ＋り」のように切って、「り」を助動詞としているだけである。したがって、「ら＋む」に存在の意味が感じられるのは当然のことである。

　また、「有ら＋む」が存在の意味を表すことは説明を要しない。

そして、助動詞「らむ」が現在の推量を表すことは多くの用例によって帰納することができる。

したがって、この三者に、「共通した用法（意義のことだろう）が認められる」というのは正しい。しかし、後で述べる接続の矛盾に反してまで、どうして、「有らむ」→「らむ」ではなく、「ら＋む」→「らむ」でなければならないのか。松尾氏は、特に言及していないが、

(3) 付属語を付属語から発生したものとして説明することができ、「あ」の脱落を考えずにすむ。

ということでもあったのだろうか。

次に、(2)について、松尾氏は、

3　和加久佐能　都麻母多勢良米（若草の妻持たせらめ）（古事記・歌謡五）

の例をあげ、

らむは右のごとく早く須勢理毘売命の歌の中に用ゐられて居るが、らむは、古事記　風土記　延喜式祝詞等には見えて居ない。偶然採録から逸したと見られぬこともないが、矢張らむよりも遅れて発生したと見るべきである。[7]

と述べている。たしかに、「らむ」の用例が文献に見えはじめるのは、「ら＋む」よりも遅いようであるが、「らむ」は古事記に用例が見えないとはいえ、日本書紀（孝徳紀）には用例があり、同源と考えられる助動詞「らし」の用例は、神武紀、仁徳紀などに見えるのであって、古事記の「ら＋む」一例がたまたま神代に認められるというだけの理由で、「ら＋む」から「らむ」に推移したと断じるのは、論拠が弱い。

上代においては、文献資料が乏しい上に、その資料間にかなり顕著な使用語の偏りの見られることが、たとえば、浅見徹氏[8]などによって指摘されているが、用例出現の前後関係を問題とする際には、資料間の、更には同一

資料内の均質性（homogeneity）について慎重に検討されなければならない。

　このように、松尾氏のあげた⑴⑵の二点は、いずれも論拠として確固たるものではないということになるが、松尾説には、更に、氏自身のあげた二つの疑問点があるのである。

⑷「ら＋む」と「らむ」とは接続の仕方が異なる。

⑸「ら＋む」には未来を表す用法があるのに、「らむ」にはそれがない。

また、松尾氏はあげていないが、次のような問題点も指摘することができる。

⑹「らむ」には、次にあげるように、完了の助動詞「り」に接続する用例がある。

君が廬《いほり》せるらむ（西留良武）（万葉・一〇・一九一八）

宿りせるらむ（世流良牟）（万葉・一五・三六九一）

わが思へるらむ（念有良武）（万葉・一二・三〇五四）

今咲けるらむ（左家流良武）（万葉・二〇・四三一六）

⑺「ら＋む」は「らむ」と後世まで併行して存在する。

⑻「らし」との関連についての説明がない。

まず、⑷について、松尾氏は、

他の活用形所属の者が、終止形所属に変るといふことは類例がない。(9)

と述べながら、「らし」「めり」「べし」などが終止形に接続するのに影響されたとも言えるとしている。しかし、「らし」「めり」「べし」などが終止形に接続する理由が解明されていないのである。「めり」などは「らむ」に遅れて出てきたものである。活用の種類、活用形の用法、そして接続の仕方などは、それほどいい加減なものではなく、体系的で整然としたものであるはずである。その点で、この⑷はまさに「牽強の嫌い」が大いにある。

⑸についても、松尾氏は、

しからむは完了未来と完了想像と二義であった者が、他の想像助動詞に同化されて、終止形所属となると同時に、完了未来の用法を失って、完了想像（一転して現在想像）専用となったと見て、其処に説明の飛躍乃至不合理は生じない。[10]

のように、「飛躍」と想像に満ちた弁明をしているが、この説明の「不合理」であることは明らかであり、「意義に共通の点がある」ことを有力な論拠として提唱された説において、その意義面自体に障害があるのは致命的である。

更に、⑹としてあげたように、「り＋らむ」という語連続の存在することが注目される。「り＋〈ら＋む〉」では、完了の助動詞「り」が重なることになり、意味の上の重複だけでなく、同一の助動詞が重複するという、他に類例を見ない不合理な語連続になるからである。

更にまた、⑺としてあげた、「ら＋む」と「らむ」とが後世まで併行して存在するという事実も、松尾説の成立を困難にするものである。「ら＋む」は、中古以降も、「らむ」とは接続の仕方も語義的意味も明確な違いをもって併存するのである。もし、「ら＋む」が「らむ」に推移したのであれば、「らむ」の出現とともに「ら＋む」は消滅してもいいはずである。上代の限られた資料に現れた用例の分布状態が、たまたま「ら＋む」→「らむ」の説明にいささか好都合だったことが、松尾氏を誤らせたようである。

最後に⑻についてだが、松尾氏は、「らし」について、次のように述べている。

先づらしの語源について一考すると、らはらむのらと同語であるに相違ないが、其を吾等などのらと同祖に

見る説は、従ひ難い。矢張、有らのらからであらう。此を動詞的に用ゐたのがらむで、形容詞的に用ゐたのがらしである。(11)

「らし」について、「ら」は「らむ」の「ら」だといったり、「有ら」の「ら」だと述べたりしていて、論旨が明確でないが、完了の助動詞「り」の未然形「ら」に「し」が付いたものであるといいたいのであれば、論証不足であるというほかない。

一体に、松尾氏の「らむ」「らし」についての考察は、語義的意味の面が重視され、活用や接続の仕方など語の形式面の考察が粗略になっている。しかし、語源の研究においては、意味の面以上に形式の面からの考察が重要である。したがって、形式の面に多くの問題点を残す松尾説は首肯しがたい。

四、福田良輔氏の説

福田良輔氏は、全く違った観点から、独自の起源説を提唱している。

「らむ」と「らし」の相違は、「む」と「し」にあるので、「ら」は同語源と思われる。国語史以前から、存在の意味を表わす複語尾ないし接尾辞（造語成分）としての四段「る」が存在していたことは、すでに推定したところである。またこのような「る」が「恋ひす」「過ぐ」を語幹として、四段に再活用したものが「恋ひすら」「過ぐり」であることも、更に四段・ラ変以外の連体形に付く「ル」も、もともと同系であることも、すでに述べたところである。「らし」「らむ」の「ら」は、事象の過程が存在することを表わす、この種の複語尾ないし接尾辞「る」のア列音（未然形）に、それぞれ「し」「む」が付いたものと思われる。したがって、「らし」は、「あり」が形容詞化した「あらし」とは語源を異にしている。(12)

この説によれば、松尾説の場合に(3)としてあげたのと同様に、

付属語を付属語から発生したものとして説明することができ、「あ」の脱落を考えずにすむ。

という利点がある。

しかし、この福田説の場合、まず、「事象の過程が存在することを表わす複語尾ないし接尾辞『る』」の存在を認めるかいなかが問題となる。これは古代日本語の基本に関わる問題であって、その基本から議論しなければならないことであるが、次にあげるような点で、論証が不足しているように思われる。

(1) 東歌・防人歌などに見られる東国方言の語法が、中央語の語法よりも古い形を伝えていると考えていいものかどうか。

(2) 福田氏は、「四段・上一段・ラ変を除いて連体形は終止形に接尾辞『る』が付いている[13]」形をとっていることについて、

連体形の語尾「る」は、接尾辞「ゆ」「す」「ふ」などと同じく、派生動詞を作る接尾辞「る」と同じもので、活用する接尾辞であり、原動詞が表わす事物の過程が存在するという事実を客体化して静態的に叙述するものである。[14]

と述べているが、

(a) 派生動詞を作る「る」は一般にア列音(原動詞の未然形)に付き、連体形の活用語尾「る」はウ列音(終止形?)に付く。この両者を同一に論じていいか。

(b) 四段・上一段・ラ変の連体形には、何故に「る」が現れないのか。

(c) 「過程が存在するという事実を客体化して静態的に叙述する」機能は、連体形と已然形にしかないの

か。もしそうならば、その理由は何か。（「る」は連体形と已然形にだけ「る」「れ」の形で現れる。）

(3)「干さる」「降らる」（東国方言にのみ見られる特殊な語法）などア列音に付く「る」と、「恋ひすらば」「過ぐり」などウ列音に付く「る」とを同一のものと見なしていいか。

(4) 福田氏は、「あり」「をり」「せり」「けり」などを全て、「あ＋り」「を＋り」「せ＋り」「け＋り」などから成立していると考え、

伝聞推定の助動詞「なり」などは、所属を示す古形の格助詞「な」または「な・に・ぬ・ね」と活用した完了助動詞の「な」に「り」が付いたものと見ることが可能である。[15]

と述べているが、十分な説得力がない。

(5) 東国方言と中央語との間には、音韻上の大きな問題があるのに、「る」に関しては、全て語法の問題として処理しようとするのはなぜか。

そして、これはきわめて重要なことであるが、従来の諸説の問題点を詳細に取り上げ、その全てを論破した後で行う立論でなければ、結局は、こう考えることも可能であろうという、「もう一つの仮説」（another assumption）を追加することに終わってしまう。

しかし、「る」の問題は、日本語の基本に関わる大きな問題なので、これ以上追究することはやめ、「らむ」「らし」に関係する疑問点だけをあげて、福田氏の説が是認できないものであることを明らかにする。

(6) きわめて少数の特殊な用例から、「らむ」「らし」という多数の用例をもつ語について説明することは危険である。

(7)「あり」「をり」の語尾「り」と「らむ」「らし」の「ら」とが同系の語であるとする福田氏の説からは、

「あるらむ」「をるらむ」「あるらし」（共に万葉集に用例がある）という語連続の説明ができない。「る」が重複するという認めがたい語連続になる。

(8)「らむ」「らし」が終止形に接続する理由が明確でない。福田氏のいう「る」は必ずしも終止形に接続するものばかりではないようである。

(9)「らむ」「らし」の「ら」が、四段・上一段・ラ変以外の動詞の連体形の「る」だとすると、「らむ」「らし」が連体形に「る」のない四段・上一段・ラ変にも容易に接続するのはおかしい。しかも、事実は、その付きにくいはずのラ変「あり」が、形容詞や形容詞型活用の助動詞などに「らむ」「らし」が接続するときには、必ず介在するのである。

(10)たとえば「起く」の連体形「起くる」の「る」など、複語尾ないし接尾辞の活用した「ら」は原動詞（ここでは「起く」）に密着しているはずなのに、「らむ」「らし」には、「たるらむ」「つらむ」「つらし」のように動詞と「ら」の間に助動詞の入った例が少なからず存在する。

五、山崎馨氏の説

山崎馨氏は、「らし」の成立について「あらし」説および福田説を否定した上で、次のような新説を提唱した。それでは「らし」の実体は何か。わたくしは、ここにも接辞アシの作用を考へずにはゐられないのである。この接辞アシについては前記の拙著にも述べておいたが、これはシク活用形容詞をつくる接辞であって、朝鮮語 asyp と同源の語であらうと考へられる。そしてこの asyp は何かを欲する状態、何かが不足してゐる状態を表わす。(16)

すなわち、動詞の終止形に接辞「アシ」が付き、母音連続を嫌ってラ行子音rが挿入され、「らし」が誕生したというのである。

（例） 来《く》らし　ku rasi ← ku-r-asi ← ku asi

この説によれば、これまで見てきた諸説の問題点は一応解消されるが、この説にもまた次に列挙するような問題点がある。

(1) 日本語の基本に関わるような語源の説明に、他の類似した事例をあげることもなく、朝鮮語を利用していること。
(2) 「アシ」の独立の用例がないこと。
(3) ラ行子音rの挿入を想定しなければならないこと。
(4) 「らし」の終止形接続の理由が明確でないこと。
(5) 「らむ」との関連についての説明が明確でないこと。

まず、(1)について、山崎氏は、「卑見が朝鮮語を手がかりとしてゐることに、あるいは危惧の念を抱かれる向きもあらう」と述べているが、まさにその通りであって、「らし」の中に「アシ」という要素を見出した炯眼には感服するが、(2)として指摘したように、日本語には独立した用例のない「アシ」を想定するのはかなり困難なことである。服部四郎氏は、

まだ言語学的証明が完成しているとはいえないが、親族関係のある蓋然性の最も大きい言語として、朝鮮語が我々の眼に映じてくる。[17]

と述べている。日本語と朝鮮語との間に親族関係のある蓋然性が大きいのは確かだろう。しかし、「らし」の場

合、自立語ではなく、付属語であること（付属語は自立語に比べてより基本的な語である）、しかも和歌によく用いられている語であること、また、日本語と朝鮮語で語源を同じくしている類例があげられていないこと、などから、「アシ」説には無理がある。

(3)についても、山崎氏自身、ラ行子音 r 挿入の例がきわめて少ないことを認めており、「浜田氏ほどの博学を以てしてもわづかにナホラヒの一語をあげるばかりである。」と告白している。

山崎氏の「アシ」説は、「アシ」が一般の動詞の終止形ではなくラ変動詞「あり」に付いたものと想定すれば、「あらし（arasi←ari-asi）」説に一変してしまうのだが、わずか一例しか確認できない類例による r 音介在説は、「あ」音脱落説（「あ」の脱落例は一二例ほどはあげられる）にどれほど勝るものであろうか。

さらに、(4)についてであるが、「アシ」説では、「らし」が終止形に接続する理由がはっきりしない。山崎氏は、大野晋氏の、

日本語では、一応、動詞の陳述を終止せしめ、その下に助動詞を附して…デアルラシイと推量の意を添加するのが、推量といふ語法の常道であるわけである。[18]

をそのまま引用して、「そこで動詞の終止形にアシがついて」と簡単に片づけて済ましている。しかし、「アシ」はどうして終止形に付くのか、その理由が、「アシ」がシク活用形容詞を構成する場合や「まし」「しむ」などの成立に関与する（と氏は考えている）場合と合わせて、統一的、総合的に説明されなければならない。活用や接続など日本語の形式は、体系的で整然としているものであるが、その点についての考察が軽視されている。

最後に、(5)について、「らむ」と「らし」は、やはり関連づけて説明されなければならない。「らむ」に関して、山崎氏は、

助動詞「らむ」は終止形接続であって、その子音ｒもまた「らし」の場合と同様の事情にあることは動かし難いやうに考へられる。[19]

と述べているが、「らむ」についてはそれ以上触れていない。しかし、本節の一にも述べたように、「らむ」と「らし」とは深い関連があるのであり、両者の統一的説明がないことが、「アシ」説の大きな問題点である。

以上の検討により、山崎説もまた、⑴⑵というきわめて問題の多い仮定の上に、⑶というこれまた蓋然性の低い音韻変化を想定し、その上にさらに、⑷⑸という未処理の問題を抱えているということで、やはり容易には是認することができないと結論される。

第三節　「あらむ」「あらし」説の再検討

一、「あらむ」「あらし」説の問題点

前節の検討を通して、「あらむ」「あらし」説以外の諸説は、決定的もしくは大きな問題点を持つものであることが明らかになった。今、この点を確認した上で、「あらむ」「あらし」起源説が、「一説として立ち得るもの」にとどまらず、「すべての面に疑念を残さない確説[16]」たりうるかいなかを、改めて検討してみたい。

「あらむ」「あらし」説が、その成立の可能性を多くの人に認められながらも、決定的な確説になりきれないのは、次にあげるような問題点が解明されていないからである。

⑴「あ」音の脱落の問題。

⑵「あるらむ」「あるらし」という語連続の問題。

⑶「あらむ」と「らむ」、「あらし」と「らし」の関係。
⑷「あらむ」と「あるらむ」、「あらし」と「あるらし」の関係。
⑸用例出現の時間的な問題。

したがって、これらの点が明確に解消されれば、逆に、「あらむ」「あらし」説は、すべての面において疑念を残さない確説となるわけである。

二、「あ」音の脱落について

そこで、まず⑴について検討する。この問題について、「あらし」説を支持する築島裕氏は、動詞「見ゆ」が終止した文を受けている例をあげ、

「あらし」も動詞の終止形を受けて「……すあらし」のやうになり、しかもかやうな場合、古くは母音が脱落することがあつた（例へば助動詞の「ぬ」は「去《い》ぬ」の「い」が脱したもの、同じく助動詞「つ」は「棄《う》つ」の「う」が脱したもの、「べし」も「宜《うべ》し」の「う」が脱落したものとされている）から、この例と同様に、「あらし」の「あ」が脱落して「……すらし」となつたのではなからうか。[20]

のように説明している。しかし、

あらいそ（荒磯）→ ありそ

などのように「い」音の脱落する例はあるが、

ず＋あり → ざり
寒く＋あり → 寒かり

斯く＋あり→斯かり

る＋アク→らく

や、さらに、

て＋あり→たり

ぞ＋あり→ざり

に＋あり→なり

などの例が示すように、「あ」音が脱落することはまずないのであり、「す＋あらし」のような音韻環境において「あ」音が無条件に脱落することはきわめて蓋然性の低いことである。この点については、山崎馨氏も指摘している。(16)

三、「あるらむ」「あるらし」という語連続について

そこで、(1)の問題はひとまず保留にして、(2)について検討する。(2)は何が問題かというと、「あらむ」「あらし」という「有り」を含む語から成立した「らむ」「らし」が「有り」に接続するのは、意味の同じ語が重複する不自然な語連続だということである。

山崎馨氏は、さらに、ラ変以外の動詞の終止形には「居《う》」という存在を表す語尾があるという大野晋氏の説に(21)基づき、その「居《う》」の付いている終止形に同じく存在の意味をもつ「有り」を構成要素とする「あらむ」「あらし」が付くことの不自然さを指摘しているが、(16)これはきわめて重大な問題である。

一体に、「らむ」「らし」は、動詞および動詞型の活用をする助動詞にしか接続しないのであって、他の活用語

にはすべて「有り」を介在させて接続する。従来の諸説では、この点についての留意が必ずしも十分ではなかったが、「らむ」「らし」の起源について考察する際には、この特性に注意する必要がある。

どうして動詞および動詞型の活用をする助動詞にしか接続しないのか。その理由については後で述べるが、(2)について考える前に、まず、ラ変・上一段動詞の場合を除いて、

(2)' 「らむ」「らし」が終止形に接続する理由

について解明しておかなければならない。

四、「複述語構文」の導入

「複述語構文」については、第三章の第三節、第四節などに詳しく述べたが、ここでもう一度簡単に説明しておきたい。

上代において、動詞「見ゆ」が、

1 妻(ア) 立てり(イ) 見ゆ(ウ)。（古事記・歌謡一〇八）

2 大葉子は(ア) 領巾振らす(イ) 見ゆ(ウ)。（古事記・歌謡一〇一）

3 刈薦の乱れ出づ(イ) 見ゆ(ウ)。海人の釣船(ア) （万葉・三・二五六）

のように、動詞および動詞型活用の助動詞の終止形に接続することに疑念をいだき、

(1) 活用語の終止形で終わる文の成分は、そこで終止するのが原則であって、無条件には文中の続く成分にならないこと。

(2)（イ）の成分に助詞の付いた例がないこと。

(3)（ア）の成分に格助詞「の」の付いた例がないこと。

(4)（ア）の成分に係助詞「は」の付いた例があること。

(5) 3の例文のような（イ）（ウ）（ア）という順の文があること。

などの点から、これらの文が、従来説かれてきたように、たとえば、

妻　立てり　見ゆ
（主→述、主→述）

のような構文、つまり、「妻の立っているのが見える」のような構文ではありえないことを論じ、

大葉子は　領巾振らす。　見ゆ。
（主→述、→述）

のような、一つの主格語を二つの述語が受けている文構造と見なければならないことを論証して、この構文を「複述語構文」と呼んだのだった。そして、さらに、〈終止なり〉の原初形態が動詞であり、「なり留」の文がもと「複述語構文」だったことを想定したのだった。

「見ゆ」の場合はまだしも、〈終止なり〉の場合は、動詞「鳴り」の確例を文献の中に見出すことが難しい。

そういう場合には、それに近い類例をもって補強するのが最良の方策だろう。

そこで、同じく終止形に接続する「らむ」「らし」に注目したのであるが、「らむ留」「らし留」の文も、後で検討する「あらむ」「あらし」の存在を前提に、もとは、

花（主↓）咲く（↑述）。あらむ（↑述）。

雪（主↓）降る（↑述）。あらし（↑述）。


のような「複述語構文」であったことが、かなり高い蓋然性をもって想定され、そういうことになれば、〈終止なり〉の原初形態が動詞であり、「複述語構文」から成立したという想定が補強されることになる。

文献に現れる形としては、「見ゆ」の場合と違って、すでに助動詞「らむ」「らし」が成立し、「複述語構文」を構成する「あらむ」「あらし」の例は見られない。この点は〈終止なり〉と同様である。しかし、次にあげるような点で、「らむ留」「らし留」の構文は「見ゆ留」の構文に酷似しているのであり、これらの一致対応は、「複述語構文」を想定させるに十分である。

(1) 「らむ」「らし」は、ラ変・上一段を除く動詞、および動詞型活用の助動詞の終止形に接続すること。形容詞などには付かないこと。
(2) それらの動詞および動詞に助動詞の付いたものは、現在の動作や状態を表していること。
(3) 「らむ」「らし」ともに、活用が不完全で、活用形が揃っていないこと。
(4) 「らむ」「らし」ともに、文末に位置する用例がほとんどであること。

⑸「あらむ」「あらし」の構成要素である「有り」は、「見ゆ」と同じく、存在の概念に関わるものであること。

まず、⑴は、「見ゆ留」の文の場合と同様、きわめて特異な接続であり、終止形に接続するということは重要な問題である。⑵の「らむ」「らし」の付いたものが現在の動作や状態を表すものであることが「見ゆ留」の場合と全く同じであることをも合わせて、「見ゆ留」「らむ留」「らし留」の文に、次のような構文の対応が想定される。

主	述	述
【事物】	【事物の現在の動作や状態】	【存在についての主観的表現】
妻	立てり。	見ゆ。
花	咲く。	あらむ。
雪	降る。	あらし。

また、⑶としてあげたように、「らむ」「らし」の活用はきわめて不完全である。すなわち、「らむ」は「らむ・らむ・らめ」の三活用形だけであり、そのうち已然形「らめ」の用法はきわめて限られている。「らし」の方は「らし・らし・らしき」の二活用形のみであり、その中には、

4　今日も加母《カモ》酒漬《さかみづ》く良斯《ラシ》（古事記・歌謡一〇二）

5　大君乃《ノ》継ぎてめす良之《ラシ》高円《たかまど》の野辺見るごとに哭《ね》のみし泣かゆ（万葉・二〇・四五一〇）

6　いにしへも然《しか》にあれ許曾《コソ》うつせみも妻をあらそふ良思吉《ラシキ》（万葉・一・一三）

のように、係助詞「か（も）」の結びとしての「らし」や、係助詞「こそ」の結びとしての「らしき」などさえ見出される。（ちなみに、中古になると、連体形も已然形も「らし」という形になる。）

こういう活用の不完全さについてはいろいろな説明が可能であろうが、「複述語構文」を想定する立場からすると、「あらむ留」「あらし留」の文が「複述語構文」であったことのなごりではないかと解釈される。すなわち、「複述語構文」における「見ゆ」が終止形「見ゆ」と「見えつ」「見えて」[22]としての連用形「見え」の二活用形しかないことと事情を同じくするのであろうが、それは、「らむ」「らし」が、「見ゆ」同様、もと、その上位語に直接付いて文の成分を構成する付属語ではなく、それ自体で一つの成分を形成する自立語であったこと、したがって、「見ゆ」「あらむ」「あらし」は常に文末に位置し、終止法に限られていたことを示すものではないかと解釈されるのである。このように想定することによって、(4)も統一的に説明することができる。

さらに、(5)としてあげた類似性から、「見ゆ留」の文が「複述語構文」であったのと同様に、「あらむ留」「あらし留」の文もまた「複述語構文」でありうることが表現様式の面からも言えそうである。すなわち、「見ゆ留」の文の場合、たとえば、

海人の漁火は　ともし合へり。　見ゆ。

が、

海人の漁火は　ともし合へり。

だけで、十分に「海人の漁火は、ともし合へり」という、事物とその動作は伝達されるのに、言語主体（詠み

手）の立場からの表現として「見ゆ」が言い添えられるのと全く同様に、

花　咲く。

雪　降る。

だけで、「花、咲く」や「雪、降る」という、事物とその動作は十分伝達されるのに、そういう花の動作があるだろう、そういう雪の動作があるらしいという、言語主体の立場の判断が「あらむ」「あらし」によって表現されるのである。

ところで、「見ゆ留」の文に「複述語構文」が想定されたのは、その文に主格語がほとんど例外なく存在するということが一つの理由だった。しかし、上代に「複述語構文」の存在したことが論証されれば、主格語の存在が「複述語構文」を認定する不可欠の要件とはならないだろう。「複述語構文」に主格語を欠くことのあるのは普通の「主述文」に主格語を欠くことのあるのと同断だからである。しかも、調査することができる資料では、「あらむ留」「あらし留」の「複述語構文」はすでに崩壊しているのであり、「らむ留」「らし留」の文に主格語を欠くものがあるのは、想定される「あらむ留」「あらし留」の文が「複述語構文」であったことを否定する理由にはならないだろう。

五、「あ」音の脱落および「あるらむ」「あるらし」の語連続

このように「複述語構文」を想定すると、しばらく保留にしておいた「あ」音の脱落の問題も、次のように説明することができる。

すなわち、まず、「す＋あらむ」「す＋あらし」が「さらむ」「さらし」という融合した形にならずに、「す＋ら

む」「す+らし」となったのは、「す」と「あらむ」「あらし」とがはっきり切れていて、その間に「息の断止」があったからである。語頭における「あ」音の脱落は、「あざる（戯）」→「ざる」をあげうるくらいで例が乏しいが、「あらむ」「あらし」というきわめて短い述語成分がその語形や構文の固定によって形式化し、「有り」のもつ存在の概念を喪失し推量の意味が中心になるにつれて、ラ行音の強さに押されることもあって、ついに「あ」音が脱落したと考えることは、それほど的を外れた推理ではない。後世のアクセント資料では、「有ら」のアクセントが「低高」になっていることも参考になるかもしれない。もっと後のことになるが、アメリケン→メリケンという例がある。

さてまた、このように「複述語構文」を想定すると、「らむ」「らし」が動詞・助動詞の終止形に接続する理由（第三節三の(2)）も、「あるらむ」「あるらし」という語連続の問題（第三節一の(3)）も容易に説明することができる。すなわち、「ある+あらむ」「ある+あらし」という「有り」の重複は、もと「ある」のところで終止して「+」のところで切れていたと見ることによって説明がつく。そして、

7 露霜《つゆしも》の寒き山辺に宿り世流良牟《セルラム》（万葉・一五・三六九一）

8 高円の宮の裾廻《すそみ》の野司《のづかさ》に今左家流良武《サケルラム》女郎花《をみなへし》はも（万葉・二〇・四三一六）

9 うち靡《なび》く春を近みかぬばたまの今宵の月夜《つくよ》可須美多流良牟《カスミタルラム》（万葉・二〇・四四八九）

などのように、「有り」を要素に含む完了の助動詞「り」や「たり」、さらに「有り」と同じ意味をもつ「居《う》」を

語尾に含むというラ変以外の動詞の終止形に、「あらむ」「あらし」が接続する理由も、同様に説明することができる。

なお、「あるらむ」「あるらし」が、「ありらむ」「ありらし」でないのは、

10　松が枝《え》の地に着くまでに降る雪を見ずてや妹が許《コ》母《モ》里《リ》乎《ヲ》流《ル》良《ラ》牟《ム》（万葉・二〇・四四三九）

などラ変動詞「をり」をはじめ、助動詞「り」「たり」「なり」などに接続する場合と一緒に考えなければならない問題であるが、文献時代にまだ「複述語構文」を保持している「見ゆ留」の文の場合が、ラ変やラ変型の活用語でも、たとえば、

妻　立てり　見ゆ

のように、終止形になっていること（中古になると、連体形に接続することになる）と比較すると、これは、「複述語構文」が崩壊し、助動詞「らむ」「らし」が成立する過程において、ラ変以外の活用語の場合がすべてそのウ列音に接続することに引かれたものであると考えられる。言うまでもなく、ラ変以外の活用語の終止形はすべてウ列音であり、ラ変以外の活用語はラ変の活用語に比べてその例数が圧倒的に多い。

六、「あらむ」と「らむ」、「あらし」と「らし」の関係

「らむ」「らし」に対して、「あらむ」「あらし」という用例の存在することが、「あらむ」「あらし」から「らむ」「らし」が成立したという説の一つの障害になっていた。

たとえば、山田俊雄氏は次のように述べている。

動詞「あり」と関係づけて「らむ」の語構成を考える説がある。が、「あらむ」が「らむ」になったとするのは語源説としてまだ論証が不足であろうと思われる。というのは、同じ万葉集に「あらむ」の語連続が多数存し、それらはすべて「あら-む」と分析することが出来るが、「らむ」とは大いにちがって、「あら」のところは存在動詞として生きている。[23]

しかし、用例を少し丁寧に観察すると、「らむ」「らし」が動詞および動詞型活用の助動詞にしか接続しないのに対して、「あらむ」「あらし」の方は体言や助詞や形容詞の連用形など（構文論的にいえば、補充語や連用修飾語）にしか接続しないことが明白である。後者の場合、上位語に接続しているのではなく、それだけで文の成分（補助成分であるにしても）をなしているのである。すなわち、両者は決して同じ環境には位置しないものであって、いわゆる相補分布（Complementary distribution）にあるのである。

補充語や連用修飾語 ＋ { あらむ。 / あらし。 }

動詞などの終止形 ＋ { らむ。 / らし。 }

これは、「見ゆ留」の文に、

人　見ゆ。
夢に　見ゆ。
良く　見ゆ。

} ＝ 補充語や連用修飾語 ＋ 見ゆ。

妻　立てり。見ゆ。＝ 動詞などの終止形 ＋ 見ゆ。

のような用例があるのと美しく対応するものであり、「あらむ」「あらし」に補充語や連用修飾語を受ける述語成分としての用法と、「複述語構文」の後部述語成分としての用法とがあったことを想定させるに十分である。

ここで推論が許されるならば、「複述語構文」の後部述語成分としての「あらむ」「あらし」は、その存在の概念の喪失とともに「あ」音を消滅させてしまったが、補充語や連用修飾語を受ける述語成分としての「あらむ」「あらし」は存在の概念を失うことがなかったので、「あ」音が脱落することはなかった。その結果が、「らむ」「らし」と「あらむ」「あらし」との併存という形で文献に現れている、ということができる。前掲のように、山田俊雄氏が、「あらむ」は「『らむ』とは大いにちがって、『あら』のところは存在動詞として生きている」と述べていることも、このように考えることによって、矛盾なく説明することができる。

七、「あらむ」と「あるらむ」、「あらし」と「あるらし」の関係

「あらむ」「あらし」は、従来、「あるらむ」「あるらし」から「る」音が脱落して成立したものだと説明されてきた。これは、「あらむ」「あらし」起源説にとって大きな障害である。なぜならば、これは、「あらむ」「あらし」から「らむ」「らし」が成立したのではなく、逆に、「ある＋らむ」「ある＋らし」から「あらむ」「あらし」が成立したとする考え方、すなわち、「あらむ」「あらし」よりも「らむ」「らし」の方が先に成立していたとす

る考え方だからである。

しかし、この考え方には次のような疑問点があげられる。

(1)「あるらむ」から成立したとすれば、「あらむ」は「あ＋らむ」という語構成であろうが、これは、助動詞「む」が「あり」に付いた「あら―む」とどういう関係になるか。

(2)「をるらむ」「たるらむ」などの場合は、どうして「る」音が脱落しないのか。

(3)「あらむ」と「あるらむ」、「あらし」と「あるらし」が併存する理由は何か。

(4)「る」音の脱落は、音韻論的に許される現象であるか。

最後の(4)の観点から、築島裕氏が注目すべき見解を示している。

上代に於て「る」といふ音節が何故脱落したかといふ説明は十分に尽されていないと思ふ。愚考するに、「あらし」「けらし」「ならし」は、「る」が脱落したのではなく、「あり」「けり」「なり」に対応する形容詞形で、「荒《あ》る―荒《あ》らし、懐《なつ》く―懐《なつ》かし、行《ゆ》く―行《ゆ》かし（床し）」と同類の派生語ではあるまいか。[24]

これは「あらし」について述べたものであり、「あら＋む」と分解することのできる「あらむ」の方にはこういう問題は起こらなかったのだが、

(5)その「あら＋む」との対応。（やはり、「あ＋らし」ではなく、「あら＋し」の方がいい。）

(6)周到な音韻論的考察。

(7)これまでに考察してきたこととの適合。

(8)和歌における字余りの問題。

などの諸点から、塚原鉄雄氏も述べているように、「極めて妥当な根源説といってよい[25]」だろう。

(8)の字余りの問題というのは、次のような用例についてのことである。

11 村肝《むらぎも》の情《こころ》くだけてかくばかり余恋良苦乎《ワガコフラクヲ》7不知香安類良武《シラズカアルラム》8（万葉・四・七二〇）

12 しましくも独りあり得るものにあれや之麻能牟漏能木《シマノムロノキ》7波奈礼弖安流良武《ハナレテアルラム》8（万葉・一五・三六〇一）

13 旅にあれど夜は火ともし居るわれを也未尓也伊毛我《ヤミニヤイモガ》7古非都追安流良牟《コヒツツアルラム》8（万葉・一五・三六六九）

14 玉に貫《ぬ》く花橘を乏《とも》しみし己能和我佐刀尓《コノワガサトニ》7伎奈可受安流良之《キナカズアルラシ》8（万葉・一七・三九八四）

15 み雪降る冬は今日のみ鴬の奈加牟春敝波《ナカムハルベハ》7安須尓之安流良之《アスニシアルラシ》8（万葉・二〇・四四八八）

「あるらむ」「あるらし」を含む第五句は、字余りになっている。「あるらむ」「あるらし」と「あらむ」「あらし」とが「る」音を欠くか欠かないかという音韻上（形式上）の差異だけで、意味の上ではまったく同価のものであるならば、歌の音数律を破壊してまで、「あるらむ」「あるらし」が用いられるはずはないのであって、こういう用例の存在は、「あるらむ」「あるらし」と「あらむ」「あらし」とが直接の親子関係にあるものではないことを示すものであろう。

八、用例出現の時間的問題

最後に、用例出現の時間的問題について考える。松尾説は、用例出現の上で「ら＋む」が「らむ」に先行するということによって考えられたものであったが、福田良輔氏が「あらし」説を否定したのも、用例出現の上で「らし」が「あらし」に先行するという一点だけだった。福田氏は次のように述べている。

文献の上では、「らし」の方が「あらし」よりもより古くから現れているから、「らし」は形容詞「あらし」の縮約から生じた助動詞とは必ずしもいえない。(26)

しかし、用例出現の僅少な前後関係が、それほどの決定的意味をもつものであろうか。諸資料がどの時期に書記されたものか確かな時代的定位ができないのが現状である。また、同一資料の中における古い時代の記述と新しい時代の記述とには、それぞれの時代の言語が反映されているものかどうか、さらに、それらはその資料が執筆された時点とどう関係するのか、なども不明である。したがって、用例出現の僅少な前後関係は、問題解決のヒントくらいにはなりえても、確かな論拠にはなりえない。しかも、かろうじて残存した僅かな資料から用例が皆無であることを証明することは、きわめて困難なこと（というよりも、不可能なこと）であり、たとえば、「らし」の用例出現が「あらし」の出現に先行したのは、たまたま、現存する資料では、「あらし留」の文が「らし留」の文以前にはなかったというだけの理由によるのかもしれない。

少なくとも現段階においては、あるべき論証の方法は、確かに存在する用例について論理的に分析し総合し帰納することである。

第四節　おわりに

以上の検討・考察の結果、「あらむ」「あらし」起源説には、新しい面から妥当性の論証が加えられ、一方、他の起源説には、その説が成立しにくい決定的な障害が多数指摘された。そうして、「らむ・らし」「あらむ・あらし」「あるらむ・あるらし」の関係は次のように示されることになる。

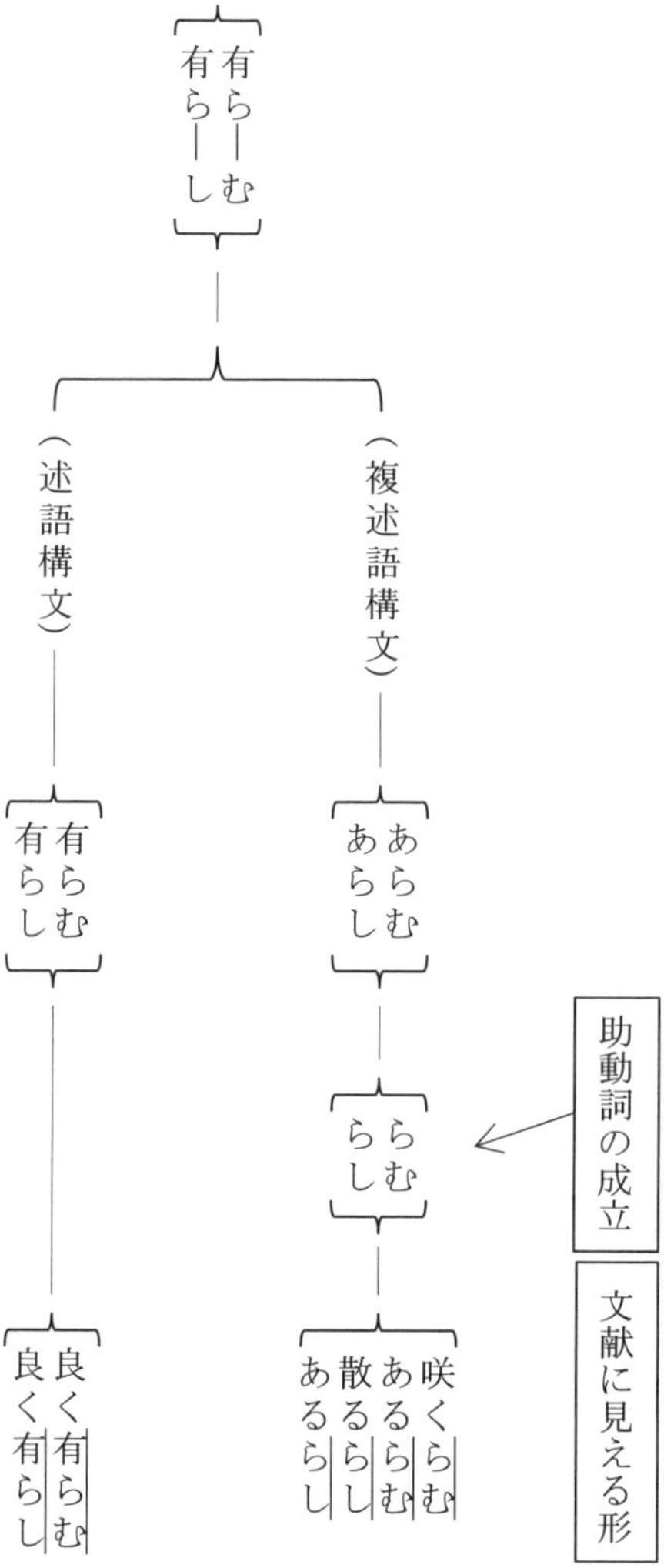

このようにして、助動詞「らむ」「らし」が「あらむ」「あらし」から成立したという説はほぼ論証されたと思われるが、その成立に際して、「複述語構文」の存在、そしてその構文の崩壊という日本語構文史上類例を見ない事象のあったことがきわめて重要である。第三章において〈終止なり〉の成立に際して、「複述語構文」の崩壊があったことを想定したが、そして、この第四章は、その想定を「らむ」「らし」の成立という類例によって補強するものであったが、上代において、終止形接続の助動詞には「複述語構文」の残映が認められることは確かめられたのではないかと思う。

第五章

〈連体なり〉の成立——活用語に接続する「なり」の活用形「なら」と「なれ」——

第一節　未然形「なら」の実態

一、はじめに

上代の文献資料に認められる「なり」の活用形の存在状況は、次の表のようである。

	未然形	連用形	終止形	連体形	已然形	命令形
体言なり	○	○	○	○	○	
終止なり			○	○	△	

○＝用例あり
△＝用例僅少
空欄＝用例なし

ちなみに、上代には〈連体なり〉はまだ成立していなかった。〈終止なり〉に、未然形、連用形などの用例が存在しないのは、第三章で考察したように、この語が常に文末に位置し、「複述語構文」を構成し、既定条件を表す場合（これが已然形になるのだが）以外には、続いていく形にはならなかったことによると考えられる。

さて、中古に入ると、〈連体なり〉が出現するが、その未然形「なら」の実態を調査検討することによって、〈連体なり〉の成立と展開の様相が明らかになるだろう。すなわち、結論を先に言えば、未然形は〈体言なり〉にしか存在せず、〈終止なり〉には存在しなかったが、その未然形に、〈連体なり〉が出現したという事実は、〈連体なり〉が、少なくとも未然形においては、〈終止なり〉からではなく〈体言なり〉から成立したことを示すに十分であるし、終止形や連体形としての用法と比べて、〈連体なり〉の成立が遅かった未然形においては、その成立の過程が、中古の文献資料の上でたどれるように思われる。

二、未然形「なら」の用例の出現状況

まず、調査することができた資料において、「なり」の未然形「なら」がどのような接続をしているかを見ると、次の「表1」のようになる。(1)

	体言+なら+助詞	体言+なら+助動詞	助詞+なら+助(動)詞	活用語+なら+助詞	活用語+なら+助動詞
万葉集	19	39	2	0	0
古今集	17	20	2	0	0
後撰集	6	9	0	0	0
拾遺集	21	27	2	0	0
竹取物語	4	12	1	0	0
土左日記	2	6	0	0	0
伊勢物語	4	5	0	0	1
大和物語	13	12	1	0	3
宇津保物語(俊蔭)	8	17	0	0	2
蜻蛉日記	13	30	3	1	4
落窪物語(巻一)	6	17	1	1	0
和泉式部日記	2	14	0	0	2
源氏物語	109	460	15	4	48
紫式部日記	0	8	0	0	2
更級日記	2	14	2	0	3
浜松中納言	22	89	2	0	21
方丈記	1	10	1	0	0
徒然草	12	43	6	0	0
平家物語(巻三まで)	15	39	5	3	6
天草版伊曽保物語	3	5	3	12	0
懺悔録	0	0	3	1	0

〔表1〕

まだ語彙索引の十分に整備されていない昭和四〇年ころの調査で、例数に誤りがあるかもしれない。また、総索引によらずに私の採取したものなどでは、形容動詞とされるものもすべて語幹と「なり」とからなるものと見なし、「体言＋〈体言なり〉」の例とした。また、副詞、たとえば「さなり」の「さ」なども体言の中に含めた。したがって、用例数は確かなものではないが、大勢を見るには問題がないだろう。

この表から読み取ることができる顕著な様相は、次のようなことである。

(1) 体言に接続するものが圧倒的に多い。

(2) 助詞に接続するものは、上代から存在するが、時代を通して平均的に少なく、増減はない。

(3) 活用語に接続するものは、中古初期には認められず、時代とともに増加している。

(4) 「活用語＋なら＋助動詞」と「活用語＋なら＋助詞」を比較すると、中古においては、前者の方に先に用例が認められるが、これが後世のキリシタン資料になると、後者「活用語＋なら＋助詞」の用例しか認められなくなる。

三、「体言＋なら」「助詞＋なら」

この第一節では、「活用語＋なら」の実態について考察するが、その前に、右にあげた(1)および(2)、つまり、体言や助詞に未然形「なら」が接続する場合について検討しておきたい。

まず、(1)の体言に接続するものが多いのは、未然形だけでなく、「なり」の活用形すべてにおいてである。これは、「なり」が「に＋あり」から成立したものであることから考えれば当然のことである。すなわち、格助詞は、本来、体言に接続するものであるから、その格助詞を前部構成要素としている「なり」が多く体言に接続す

「なら」が接続している助詞 / 作品	格助と	準体助が	副助のみ	副助ばかり	参考ごと	計
万葉集	2(3)	0	0(5)	0	0	2(8)
古今集	0	2	0	0	0	2
拾遺集	1	0	1	0	0	2
竹取物語	1	0	0	0	0	1
大和物語	0	0	0	1	0	1
蜻蛉日記	1	1	1	0	0	3
落窪物語	1	0	0	0	0	1
源氏物語	6	0	3	5	1	15
更級日記	2	0	0	0	0	2
浜松中納言	1	0	1	0	0	2
方丈記	1	0	0	0	0	1
徒然草	3	0	2	1	0	6
平家物語	1	0	4	0	0	5
天草版 伊曽保物語	0	0	3	0	0	3
懺悔録	0	0	3	0	0	3

〔表2〕

るのは当然の理である。上代、中古を通して、格助詞「に」の体言に接続している例数が、活用語の連体形に接続している例数を圧倒していることも参考になる。もっとも、前掲の「表1」では、体言の中に、形容動詞の語幹やある種の副詞などを含めて数えた欄もあるので、厳密な意味での体言の例数以上の数になっている欄もあるが、それにしても、体言に接続する「なり」、つまり〈体言なり〉の例数が圧倒的に多いということは変わらない。

次に、(2)の「なら」が助詞に接続している場合についてであるが、前掲の「表1」のうち、「助詞＋なら＋助(動)詞」の項を、「なら」が接続している助詞別にまとめて整理すると、「表2」のようになる。

万葉集の欄の（）の中に示した数は「ならし」の例数である。

参考としてあげた「ごと＋なら」は、この調査の範囲では、源氏物語の、

・笛竹に吹き寄る風のごとならば末のよ長きねに伝へなむ（源氏・横笛）

一例しか認められなかった。「ごと」は「ごとし」の語幹といってもいいもので、もちろん助詞ではない。「ごと」は体言性を有すると見られるから、「ごとなり」の「なり」は〈体言なり〉に準じて考えていいものである。

四、「ばかり＋なら」

「ばかり＋なら」は、上代には用例がなく、

1　わが命の長く欲《ほ》しけく偽りを好《よ》くする人を執許乎《トラフバカリヲ》（万葉・一二・二九四三）

のような、終助詞的な用法の「を」が接続した例があるだけで、「ばかり＋格助詞」の用例は認められない。これについては、山田孝雄氏が次のように述べている。

「だに」は格助詞の上に来らず。又「ばかり」の格助詞の上にあるものも見ず。(2)

すなわち、上代においては、「ばかり」は、「に」を初めとして格助詞の上に位置することはなかった。構文の上から言うと、「ばかり」の接続したまとまりは、体言相当にはなれなかった。それが、中古になると、

2　さるの時ばかりに、かの浦につき給ひぬ。（源氏・須磨）

3　ひとへにおもひ定むべき寄るべとすばかりに、同じくはわが力入りをし（源氏・帚木）

4　さてもやと思し寄るばかりのけはひあるあたりにこそ（源氏・末摘花）

5　御返口ときばかりをかごとにてとらす。（源氏・夕顔）

などのように、格助詞の上に自由に位置することができるようになる。すなわち、「ばかり」によってまとめられる単位は、中古になると、準体句的な機能を獲得するわけである。「ばかり＋なら」という語連続も、「ばか

り」のこういう変化との関連において考察されなければならない。

古今集には、「ばかり＋なら」の用例はないが、

6 雲井にも通ふ心のおくれねばわかると人に見ゆばかりなり（古今・離別・三七八）

という「ばかり＋なり」の用例があり、前掲の表の「ばかり＋なら」の項における、万葉集の欄の例数0と、古今集以下の欄の例数0との間には、大きな質的な差があるのである。すなわち、「ばかり＋なり」という語連続、構文の上から言えば、

〜ばかり なり

という構文は、中古に至って初めて可能になったと考えられる。

「ばかり＋なり」が中古に入ってから成立したと考えられるのに対して、「のみ＋なり」という語連続は上代から存在した可能性がある。「のみ」は、上代においては、格助詞の上に位置するのが一般だった。つまり、「のみ＋格助詞」という語連続が一般だった。これが、中古に入ると、語連続の順序が入れ替わって「格助詞＋のみ」となる。これは従来あまり注目されていなかったようであるが、ともかく、上代においては、「のみ＋格助詞」が一般的だったのである。たとえば、「のみ＋に」には、

7 しまらくは寝つつもあらむを伊米能未尓《イメノミニ》（夢のみに）もとな見えつつ吾《あ》を哭《ね》し泣くる（万葉・一四・三四七一）

8 於等能未尓《オトノミニ》（音のみに）聞きて目に見ぬ布勢の浦を見ずは上《のぼ》らじ年はへぬとも（万葉・一八・四〇三九）

9 如是耳尓《カクノミニ》有家流物乎《アリケルモノヲ》（かくのみにありけるものを）猪名川《ゐながは》の沖を深めてわが思《も》へりける（万葉・一六・三八〇四）

のような例を指摘することができる。したがって、「のみ＋に＋あり」の融合形である「のみ＋なり」が存在する可能性は十分に考えられる。

実際には、万葉集に「かく＋のみ＋ならし」という形で五例が認められるだけであり、「ならし」は「なり」そのものではないから、現存する文献資料では、「のみなり」は上代においては確認することができないということになるが、存在した可能性は考えられる。

「のみなり」の場合にもう一つ考えておきたいことは、「のみなり」が接続する語についてである。「のみなり」は、体言、副詞などの非活用語のみに接続し、中古に入って〈連体なり〉が成立してからも、久しく活用語の連体形に接続することはなかった。自由に連体形に接続するようになるのは、中世を待たなくてはならなかった。

10 無益の事を思惟して時を移すのみならず（徒然草・一〇八段）

11 吾身の栄花を極むるのみならず（平家・一・吾身の栄花）

12 既に破戒無慙の罪をまねくのみならずや（平家・二・教訓状）

「連体形＋のみなり」の成立も、〈体言なり〉から〈連体なり〉が成立したと同様な過程をたどったものだろうが、なぜ「連体形＋のみなり」の成立が〈連体なり〉の成立よりも遅れたのか、その理由についてはもう少し考えたい。

五、「が＋なら」「と＋なら」

次に準体助詞「が」と格助詞「と」に接続する例について検討する。

まず、「なら」が準体助詞「が」に接続する場合であるが、

13 世の中はいづれかさして我がならんゆきとまるをぞ宿とさだむる（古今・雑下・九八七）

14 五節のあしたに、かんざしのたまのおちたりけるをみて、誰がならんととぶらひてよめる（古今・雑上・八七三・詞書）

15 もしさらずは、先帝《せんだい》の皇女《みこ》たちがならん（蜻蛉日記・中・天禄元年七月）

などの用例において、「我が」「誰が」「先帝の皇女たちが」などが体言相当のまとまりをなしているものであることは説明を要しないだろう。

次に、格助詞「と」に接続する場合であるが、前掲の「表2」からも明らかなように、「と」は「なり」が最もよく接続する助詞である。

「と+なり」について、塚原鉄雄氏は次のように述べている。

> この類（引用を表す類のこと 筆者注）の「と」は、当然、この成分と、呼応する関係を保つ成分―用言の存在を期待する。
>
> とすれば、「となり」の形式において、「と」と「なり」との間に、「と」によって統括された成分に呼応する用言の、介在を想定しえよう。無論、それは、奈良朝の慣例に従えば、終止形のはずである。その用言が省略され、慣用的に複合した形が、「となり」であると、考えてさしつかえあるまい。(3)

確かに「と」は引用の意味を表し、「言ふ」「問ふ」「語る」あるいは「聞く」「思ふ」などの用言と呼応することが多い。しかし、そのことと「と+なり」の「と」と「なり」との間に用言の終止形の介在を想定しなければならないこととは全く別である。塚原氏によれば、この用言の省略というのは、「と+なり」という形式を発生論的な観点から対象化して、その構造を論理的に把握することによって言えるのだそうだが、全く同じ観点に立

ち、全く同じ論理的方法によって、

～といふことなり

～といふものなり

などの省略形である―つまり、「なり」は〈体言なり〉である―という想定も、可能になるのである。

格助詞「と」によって統括される成分には、

16 商変《あきかへ》し領為跡之御法《シラストノミノリ》（領らすとの御法）あらばこそわが下衣《したごろも》返し賜《たば》らめ（万葉・一六・三八〇九）

の例のように、格助詞（連体助詞）「の」の上に位置するものがあり（源氏物語にも四例ある）、この事実は「～と」が体言相当のまとまりになりえたことを示す。さらに万葉集には、

17 霜ぐもり為登尓可将有《ストニカアラム》（すとにかあらむ）ひさかたの夜わたる月の見えなく思へば（万葉・七・一〇八三）

18 わが背子に恋跡二四有四《コフトニシアラシ》（恋ふとにしあらし）緑児《みどりこ》の夜泣きをしつつ寝《い》ねかてなくは（万葉・一二・二九四二）

のような例があるが、〈終止なり〉が「に＋あり」のような形にならないことは明らかである。したがって、塚原氏の論理的な把握にもかかわらず、「と＋なり」の「なり」も〈体言なり〉に準じて考えられるものである。

このようにして、「助詞＋なら」の「なら」は〈体言なり〉もしくは〈連体なり〉に準じて考えられるものであるということになる。

六、「活用語＋なら」

さて、〈連体なり〉の成立に関して直接問題になるのは「活用語＋なら」である。

まず、前掲「表1」の「活用語＋なら＋助動詞」の項と「活用語＋なら＋助詞」の項との用例数の分布状態から読み取れることは、

(1)「活用語＋なら＋助動詞」の方が、「活用語＋なら＋助詞」よりも先に現れる。

(2)「活用語＋なら＋助動詞」の方に用例数が多く、「活用語＋なら＋助詞」の方には用例数が少ない。

(3)(2)に指摘したことは、中世のキリシタン資料では逆になっている。

などである。

(2)に指摘した傾向は、「体言＋なら＋助動詞」と「体言＋なら＋助詞」との間にもほぼ言えることであって、「なら」の接続する語に関係なく、未然形「なら」に助動詞の続く用法が多いことにもよるのだろうが、それにしても、助動詞の続く場合と助詞の続く場合とに著しい差異が見られるのは無視することができない。そこで、以下、両者を分けて別に検討することにする。

七、「活用語＋なら＋助動詞」

まず、用例が先に現れ、用例数も多い、「活用語＋なら＋助動詞」の方から検討する。

「表3」は「なら」の接続する語がどういう活用語であるか、「なら」に接続する助動詞がどういう語であるか、を整理し一覧表にしたものである。

「動詞（型）」や「形容詞（型）」などとした、（型）は、

19　見えつるならん（源氏・若菜下）

20　さすらふべきならむ（源氏・手習）

活用語＋なら＋助動詞／作品	動詞（型）＋ならむ	形容詞（型）＋ならむ	べきならねば	べきならねど	べきならず	べきならぬ	まじきならねば	形容詞＋ならじ	しならねど
伊勢物語	1	0	0	0	0	0	0	0	0
大和物語	3	0	0	0	0	0	0	0	0
宇津保物語	2	0	0	0	0	0	0	0	0
蜻蛉日記	3	0	1	0	0	0	0	0	0
和泉式部日記	1	0	1	0	0	0	0	0	0
源氏物語	29	3	11	3	0	0	0	1	1
紫式部日記	0	1	0	0	1	0	0	0	0
更級日記	2	0	1	0	0	0	0	0	0
浜松中納言	4	0	10	1	4	1	1	0	0
平家物語	0	0	6	0	0	0	0	0	0

〔表３〕

	活用語＋ならむ	べきならず	その他
伊勢物語	1	0	0
大和物語	3	0	0
宇津保物語	2	0	0
蜻蛉日記	3	1	0
和泉式部日記	1	1	0
源氏物語	32	14	2
紫式部日記	1	1	0
更級日記	2	1	0
浜松中納言	4	16	1
平家物語	0	6	0

〔表４〕

など、動詞型や形容詞型の活用をする助動詞を含めていることを表す。

「表3」を見ると、「活用語＋なら＋助動詞」には明確な偏りの存在していることが認められる。つまり、「活用語＋なら＋助動詞」という語連続は自由に起きるのではなく、「活用語＋なら＋む」の形か、「活用語＋べき＋なら＋ず」の形かで起きるのである。この偏りを一段と明確に示すのが「表3」を整理した「表4」である。

驚くほど截然とした分布である。「その他」としてまとめた例外的な用例、源氏物語の二例と浜松中納言物語の一例というのは、次のようなものである。

21　この人々は、皆思ふ心なきならじ（源氏・常夏）

22　かくとりかへし、又あひ見せ奉るまじきならねば（浜松・巻五）

23　引き植ゑしならねど、松の木高くなりにける年月の程もあはれに、夢のやうなる御身の有様もおぼしつづけられる。（源氏・蓬生）

三例のうち、21の「なきならじ」は、「じ」が「む」の打ち消し形であるから、「なら＋む」の打ち消しの表現であり、22の「まじきならねば」もまた、「まじ」が「べし」の打ち消し形であるから、「べきならねば」の打ち消しの表現であるということができ、それぞれ、「ならむ」「べきならねば」に準じて考えることができる。しかし、23の「しならねど」は、「ならむ」にも、「べきならねど」にも準じて考えることのできない特異な例である。三条西家本の本文のように、

23'　引きうつしならねど

であれば、「引きうつし」は体言であり、「体言＋なら」となって問題はないが、他の諸本はすべて23のようになっている。「し」で統括されるまとまりに「なり」が接続する構文は、源氏物語においては、

～しなり　13
～しなりけり　2

など決して珍しくはないのだが、未然形「なら」となると、やはり簡単には具現しなかったのである。

ところで、この23は、

24　引き植ゑし人はうべこそ老いにけれ松の木高くなりにけるかな（後撰・雑一）

と関係しているらしい。つまり、引き歌である。そう考えると、

「引き植ゑし」トイウ歌ならねど

というような構造で、他の「活用語＋なら＋助動詞」とは区別して考えてよいものである。

このようにして、例外だと思われた三例は、いずれも合理的に説明することができるものである。

ここで、繰り返すことになるが、「活用語＋なら＋助動詞」という語連続には、

(1)　中古の初期にはまだ成立せず、中期に至ってようやく発達する。

(2)　中期以降の発達した時期にあっても、「活用語＋なら＋む」という形と「べき＋なら＋ず」という形とに限られていた。

というきわめて顕著な制限が存在していたことを確認しておきたい。そして、「なら」が接続している活用語の活用形が、「表5」に明らかなように、連体形か判別不明なものかに限られ、終止形と判定される用例は一例もないこと、また、形容詞や「べし」「ず」「まじ」などの助動詞に接続する場合には、すべて第二章で考察した第一類の様式をとることなどから、

(3)　活用語に接続する「なら」は、〈連体なり〉の未然形である。

ということを確認しておきたい。

以上に見たような事実は、〈連体なり〉の成立、〈連体なり〉の発達を解明するヒントになるように思われる。〈連体なり〉の終止形や連用形は、中古に入ると著しく発達し、古今集などにも、

25 先立たぬ悔いの八千度《やちたび》悲しきは　流るる水のかへりこぬなり（古今・哀傷・八三七）

26 命よりまさりて惜しくあるものは　見はてぬ夢のさむるなりけり（古今・恋二・六〇二）

などのような歌がある。これについては、すでに第二章第六節で、

先立たぬ悔いの八千度悲しき　は、　流るる水のかへりこぬ　なり

のように、「なり」や「なりけり」が、体言に接続することから、文法的意味を拡大して、活用語の連体形で終止する体言相当句（準体句）にも接続するようになったものであると説明した。

〜なれば＋なり

〜よりて＋なり

など接続成分相当のまとまりに接続するようになったのも、同様な文法的意味の拡大であると考えられた。

しかし、未然形「なら」は常に続く形であるから、そういう文法的意味の拡大ができなかった。

□　なり（けり）

作品＼「なら」が接続している活用語の活用形	連体形	不明
伊勢物語	1	0
大和物語	1	2
宇津保物語	2	0
蜻蛉日記	4	0
和泉式部日記	2	0
源氏物語	36	12
紫式部日記	2	0
更級日記	2	1
浜松中納言	20	1
平家物語	6	0

〔表5〕

という構文では、□の部分が少々長く内容が複雑でも（体言よりも準体句の方がまとまりが緩い）、成立することができたが、

□なら

は、それが文の途中にあって続いていく形であっただけに不安定だった。「活用語＋なら」の成立、そしてその発達が遅れた理由は以上のように説明することができるのではないか。

こう考えると、「なら＋む」がまず最初に活用語に接続するようになった理由も説明することができる。つまり、「なら＋む」は「未然形＋む」ではあるが、文構成の上では、文を終止する語連続として、「なり」の終止形と同様な文法的意味を有する。「ならむ」は、文末に位置し、言い切りになることが多いことから、終止形「なり」や「なりけり」「なるべし」などと同様に体言相当句（準体句）に接続することができるようになったものと考えられる。

さて、「活用語＋なら＋助動詞」のもう一つの定型である「活用語＋べき＋なら＋ず」は、「活用語＋なら＋む」に少し遅れて出現する（「表4」参照）。この語連続の成立はどのように説明されるか。「活用語＋なら＋む」の場合は、それが文末に用いられることが多かったということから説明されたが、「活用語＋べき＋なら＋ず」の場合は、当初は専ら、「活用語＋べき＋なら＋ね（＋ど・ば）」という続く形で出てくるのであり、

27　同じ世のうちの事は、また身に余るべきならず。（浜松中納言）

のような文末で終止する用例は、後になって出現する。したがって、「活用語＋べき＋なら＋ず」の成立は別の面から説明されなければならない。

「活用語＋べき＋なら＋ず」の用例が多いのに対して、「活用語＋なら＋ね＋ど」のような語連続が認められないところから考えると、「べき」の存在に意味がありそうである。どうして、「べき」の介在が「なら」の活用語接続を可能にしたか。推論の域をでないが、次のようなことが考えられる。

現代語に、「活用語＋べき＋である」「活用語＋べき＋だが」という語連続があるが、これは、「べき」がなければ、「活用語＋の＋である」「活用語＋の＋だが」のように、準体助詞「の」を必要とする。こういう事実から、「べき」には、「活用語＋のみ＋である」「活用語＋だけ＋だが」などの助詞「のみ」や「だけ」と同じようなな、それの接続したまとまりを準体句相当にする機能があると考えられる。そういう機能が中古にもあって、「活用語＋べきコト＋なら＋ね（＋ど・ば）」の成立を可能とさせたのではないか。以上のような推論である。

「べき」という本活用の活用形が、補助活用の活用形と違って、助動詞に続いていく形でないことは第二章第四節で詳しく考察したが、この事実も「活用語＋べき＋なら＋ず」の成立に力を貸しただろう。

八、「活用語＋なら＋助詞」

次に、「活用語＋なら＋助詞」について検討する。用例の出現状況は、前掲の「表1」の通りだが、「活用語＋なら＋助動詞」と比較して、その用例数が著しく少ない。しかも、蜻蛉日記の、

28　我ならぬ人まつならばまつといはでいたくなこしそ沖つ白波（蜻蛉・下・天延二年十二月）

は、「まつ」に体言「松」が言い掛けられているものであり、落窪物語の一例、

29　今宵は身を知るならば、いとかばかりにこそ（落窪・巻二）

も、「身を知る」は、「今宵は」を受ける述語ではなく、「身を知る雨」の意味で、省略されている「雨」を連体

修飾するまとまりになっている。したがって、確かな用例は、源氏物語の次のような用例を待たなければならない。

30 心の通ふならば（源氏・賢木、源氏の手紙）

31 誠に犯す事なきにてかく沈むならば（源氏・明石、朱雀院の言葉）

32 御執の身に添ひたるならば（源氏・柏木、柏木の言葉）

33 すずろなる男の入り来るならばこそは（源氏・宿木、薫の心中語）

これらの僅少な用例がどういう場面に用いられているかを見ると、全用例（一〇例）が、会話文（五例）か、手紙文（二例）か、心中語（二例）か、和歌（一例）かであって、地の文に用いられた例は皆無である。

このように、「活用語＋なら＋助詞」が、

(1) 中古中期に至って、ようやく用例を見せ始めること。

(2) 用例がきわめて少ないこと。

(3) 会話文、手紙文、心中語、和歌などに用いられ、地の文には用例が認められないこと。

などという事実は、この語連続が、中古に入ってから発生し、まず口頭語として用いられ、徐々に発達していったことを示すものであろう。

これが、中世のキリシタン資料などでは、相対的にではあるが、多くの用例数を示すようになり、現代語の仮定表現の代表になっていく。逆に、「ならむ」「べきならず」は消滅していく。その過程は興味をそそる問題だが、ここでは追究しない。

「活用語＋なら＋助詞」の用例で注意されるのは、全用例中、一例を除いて、すべて「活用語」が動詞でしかも助動詞を伴わない形だということである。例外の一例というのは前掲の32の「添ひたるならば」で、「たる」は本来「て＋ある」であることを考えれば、それほどの例外ではない。「活用語＋なら＋助動詞」の一つの典型「べきならね（ば・ど）」の場合に、助動詞「べき」の介在が不可欠であったことが思い合わされて興味深いが、十分納得の行く理由は見出せない。

最後に、もう一つ考えておきたい問題がある。それは、「活用語＋なら＋助詞（助動詞）」という語連続が、上代・中古、特に上代において発達しなかったのは、そういう表現が必要ではなかったからではないかという考え方についてである。

30 心の通ふならば（源氏・賢木）

という表現に対して、

・心の通はば

という表現がある。二つの表現の間には、「なら」の有無だけの差異があることは確かだが、後者は、前者の意味をほぼ表すことができるだろう。前者により近い意味を表す表現は、

・〜ものならば
・〜ことならば

などだったと考えられる。〈体言なり〉しかない時代には、「なら」は活用語に接続することができなかったから、形式体言「もの」「こと」などを介在させて接続した。逆に、「〜こと」「〜もの」という体言だからこそ、「なら」は接続することができたと言うことができる。上代の万葉集においても、すでに、

34 思ふゑに安布毛能奈良婆《アフモノナラバ》（逢ふものならば）しましくも妹が目離《か》れて吾居《あれを》らめやも（万葉・一五・三七

三二）

という用例が認められるが、こういう用例が少ないところからすると、上代においては、まだ、「活用語＋もの＋なら＋ば」という語連続は一般的なものではなかったと思われる。それが、中古になると、

35　恋しきに命をかふるものならばしにはやすくぞあるべかりける（古今・恋一・五一七）

36　月かげにわが身をかふるものならばつれなき人もあはれとやみん（古今・恋二・六〇二）

など、急激に増加し、竹取物語などでは、「ならば」の四例すべてが「活用語の連体形＋もの＋なら＋ば」になっている。その他、中古の文献資料では、

・〜ことならむ

・〜ものならむ

・〜べきことならむ

・〜ことならで

など、形式体言の「こと」や「もの」が介在する語連続の用例が多くなる。そうして、これらの語連続から、やがて「こと」や「もの」が落ちて、「活用語＋なら」が成立したものと考えられる。

九、おわりに

以上、中古における「活用語＋なら」の実態について検討してきたことをまとめると、次のようになろう。

⑴　上代には、「活用語＋なら」は認められない。〈連体なり〉はまだ存在しない。

⑵　中古に入っても、ある限られた語連続に認められるだけである。

(3)「活用語＋こと・もの＋なら」のように、「こと」や「もの」が介在するのが一般で、(2)以外の表現の場合は、この語連続による。

(4)「なら」の接続している「活用語」は連体形と断定できるものが多い。一方、終止形と判定されるものは皆無である。

これらのことから、未然形「なら」の系譜は、次の表のようにまとめることができるだろう。

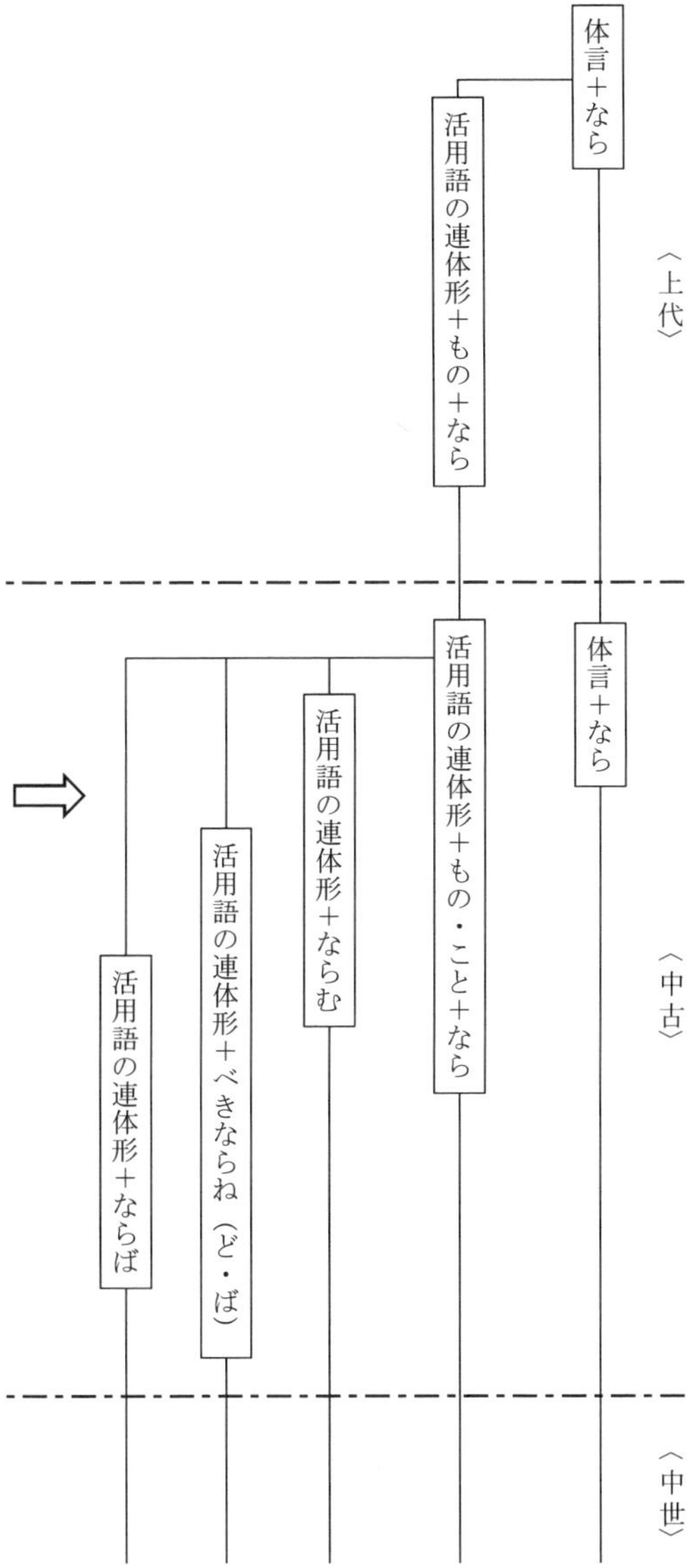

〈連体なら〉の成立

⑷項に述べたように、未然形「なら」の接続する活用語の活用形が連体形であること、つまり、未然形「なら」は〈連体なり〉の未然形であると断定することができる。「活用語＋なら＋助動詞」の場合については、前掲の「表5」から、「なら」が〈連体なり〉の未然形であることは明白である。「活用語＋なら＋助詞」の場合も、連体形と明確に判定できるもの六例、連体形と終止形が同形で判別不可能なもの四例で、終止形と判定されるものは皆無である。

以上のように、未然形「なら」は活用語の連体形に接続する〈連体なり〉だけで、活用語の終止形に接続する〈終止なり〉の確例は皆無であることが、実証的に明らかになった。この截然とした事実は、〈連体なり〉が〈終止なり〉とは全く無縁のものであることを示すものである。論理的把握と称して、実は観念的に、実証的な事実を踏まえないで、語法の成立を論じる方法からは、真実とかけ離れた結論が導かれることが多いのである。

第二節　已然形「なれ」の実態

一、已然形「なれ」の用例の出現状況

已然形「なれ」は、中古に入ってからも、容易には活用語の連体形に接続することができなかった。つまり、〈連体なり〉の已然形はなかなか成立することができなかった。これについては、すでに論じたところもあったが、ここで改めて具体的に已然形「なれ」の実態を検討することにする。

未然形「なら」の場合に倣って、已然形「なれ」の接続する語別の用例数を表にまとめると、「表6」のようになる[4]。

	体言+なれ	助詞+なれ	活用語+なれ
万葉集	31	0	2
古今集	42	0	2
後撰集	21	0	1
拾遺集	18	0	0
竹取物語	4	0	1
土左日記	15	0	1
伊勢物語	15	0	0
大和物語	19	0	4
宇津保物語（俊蔭）	37	0	7
蜻蛉日記	56	0	1
落窪物語（巻一）	21	0	4
和泉式部日記	18	0	3
源氏物語（巻四まで）	609	7	63
紫式部日記	25	1	2
更級日記	12	0	3
浜松中納言	114	0	16
方丈記	7	1	0
徒然草	66	1	9
平家物語（巻三まで）	87	0	19
天草版 伊曽保物語	42	0	0
懺悔録	13	0	0

〔表6〕

まず、この表を一見して言えることは、

(1)「活用語+なれ」の用例は、「体言+なれ」に比べて著しく少ない。

(2)「助詞+なれ」の用例は、「活用語+なれ」よりもさらに少なく、源氏物語以前には皆無である。

などである。このような用例の分布状況は、已然形においては、〈連体なり〉の成立が遅れたことを表すものであろうが、それについては後で考える。

二、「活用語＋なれ」の「活用語」の活用形

已然形「なれ」の接続する活用語の活用形が何形であるかを調査して、表にまとめたものが、「表7」である。すなわち、已然形「なれ」の接続する活用語の活用形は、

① 終止形
② 撥音便形
③ 連体形
④ 連体形か終止形か判別の不可能なもの

の四種類である。

これらのうち、まず、①の終止形に接続しているものには問題がない。〈終止なり〉の已然形は上代から存在していたからである。

次に、②の撥音便形に接続している場合であるが、この内訳をもう少し詳細に見てみると、「表8」のようになる。最下段の平家物語の「あンなれ」の項の（　）内の四例は「ござンなれ」という形で出てくるものである。「こそあンなれ」の縮約したものと考えられている。

「(美し) かンなれ」「べかンなれ」「ざンなれ」「まじかンなれ」などは、第二章で検討した第二類の「なり」に所属する接続形態であり、それらが、

・美しく＋あり＋なれ
・べく　＋あり＋なれ

などのように、「あり」の終止形に「なり」が接続しているものと考えられることについてはすでに述べた。蛇

「なれ」が接続している活用語の活用形 / 作品	終止形	撥音便形	連体形		連体・終止のいずれか不明
			侍る	その他	
古今集	0	0	0	0	2
後撰集	0	0	0	0	1
竹取物語	0	1	0	0	0
土左日記	0	0	0	0	1
大和物語	0	2	0	0	2
宇津保物語（俊蔭）	2	3	0	0	2
蜻蛉日記	0	0	0	1	0
落窪物語（巻一）	1	2	0	0	1
和泉式部日記	1	1	0	0	1
源氏物語	7	26	9	1	20
紫式部日記	0	1	1	0	0
更級日記	0	0	0	1	2
浜松中納言	0	9	4	1	2
徒然草	2	1	1	0	5
平家物語（巻三まで）	0	8	0	7	4

〔表7〕

撥音便形＋なれ / 作品	あンなれ	(美し)かンなれ	たンなれ	べかンなれ	ざンなれ	なンなれ	まじかンなれ
竹取物語	1						
大和物語	1				1		
宇津保物語	1	1		1			
落窪物語	1			1			
和泉式部日記	1						
源氏物語	15	2	3	1	4	1	
紫式部日記			1				
浜松中納言	5		1	2			1
徒然草	1						
平家物語	3(4)		1				

〔表8〕

足であるが、「あり」の活用形「あり」には終止形と連用形があるが、連用形に接続する「なり」はない。「あンなれ」「たンなれ」「なンなれ」などが、「る」ではなく「り」の撥音化によるものであることも説明を要しないだろう。したがって、②の撥音便形の場合も、〈終止なり〉と考えていい。

次に、③の連体形に接続している場合についてである。「表7」の連体形に接続の項を見てまず注目されるのは、連体形だと断定できる用例が、源氏物語までは、きわめて少数、皆無に近い、ということである。終止形か連体形か判別の不可能な用例の中に連体形が含まれている可能性はあるが、連体形だと断定できるものは蜻蛉日記の一例だけである。

しかも、比較的用例の多い源氏物語においても、その一〇例のうち、九例が「はべる＋なれ」という形である。また、紫式部日記の一例、浜松中納言物語の五例中の四例も「はべる＋なれ」である。これには何か事情がありそうである。

いま、『源氏物語大成』の索引篇によって、補助動詞「はべり」に「なり」の接続している用例を調査してみると、「はべるなり」のように撥音便化していない形だけである。同じく活用語の終止形に接続する助動詞「めり」も、「はべり」に接続する場合に撥音便化することがきわめて少ない。この事実を合わせ考えると、「はべり」には「なり」や「めり」が接続する場合、撥音便化できない事情があって、連体形の形になっているものと思われる。

「はべり」は、中古においては、「ハンベリ」と発音されたらしいが、(5)「ハンベンナリ」「ハンベンメリ」のように、一音節を隔てて撥音が重出し、はなはだ日本語らしからぬ音連続となる。こういう発音上の問題も理由の一つだったのだろうか。

いずれにせよ、「はべり」の場合はラ変活用なので、形の上では連体形「はべる」の形をしていても、それに接続している「なり」が〈連体なり〉だということにはならない。最後に、④の、連体形か終止形か判別の不可能なものというのは、次のような例である。

37 郭公《ほととぎす》人まつ山になくなれば我うちつけに恋ひまさりけり（古今・夏・一六二）

38 思へどもおもはずとのみいふなればいなや思はじ思ふかひなし（古今・雑体・一〇三九）

39 霜だにもおかぬかたぞといふなれど浪の中には雪ぞふりける（土左・正月十六日）

40 よろづの事、親の御世より始まるにこそ侍るなれ（源氏・薄雲）

これらの「なれ」が文脈の上から「推定・伝聞」の意味に読み取れるなどという解釈優先の立場はとらないが、上代では、活用語に接続する「なり」のすべてが〈終止なり〉だと想定されたのと全く同じ論理的推理からすれば、「終止形＋なれ」の確例はあるが「連体形＋なれ」は皆無に等しいのであるから、少なくとも源氏物語以前のこれら判別不可能な例は「終止形＋なれ」と見ていいだろう。

そうなると、調査した文献資料の範囲内では、已然形「なれ」が活用語の連体形に接続している確例は次の四例だけということになる。

41 「……」と語らへば、まだふかくもあらぬなれど、いみじうさくりもよよとなきて（蜻蛉・天禄元年六月）

42 やがて世の政事をし給ふべきなれど（源氏・澪標）

43 継母なりし人は、宮仕せしが下りしなれば（更級日記）

44 そのゆかりと思ひ侘び、尋ね出で奉りしなれば（浜松・巻四下）

総覧して言えることは、

(1)「〜なれど」「〜なれば」など続いていく形である。「〜こそ」を受けて終止するような「〜なれ。」はない。

(2)「なれ」が接続しているのは、助動詞である。

の二点であるが、何分にも僅か四例であるので、確たることは言えない。ただ、これらの「連体形＋なれ」が、決して〈終止なり〉から成立したものでないことだけは明確にしておかなければならない。〈終止なり〉は、助動詞「ず」や「べし」には「ざンなり」「べかンなり」のように第二類の形式で接続し、助動詞「き」には絶対に接続しないからである。

調査しえた文献資料が少ないこともあって、確定的なことは言えないが、以上の検討から、次の二点を指摘することができる。

(1) 中古においては、〈連体なり〉の已然形「なれ」は容易に成立しなかった。

(2) 僅かな例からは、それがどのようにして成立したものかは解明できないが、〈終止なり〉から成立したものでないことは確かである。

三、已然形「なれ」の変容

中古から時代がくだると、已然形「なれ」は、中古には接続しなかったような接続をするようになる。たとえば、

45 かほどの理り、誰かは思ひよらざらむなれども（徒然・四一段）

46 御相伝うける事には侍らじなれど（徒然・八八段）

47 命いきても何にかはせむなれば（平家・巻一・祇王）

48 何事の御へだてかあるべきなれども（平家・巻一・二代后）

49 僧都は何とてか忘るべきなれば（平家・巻三・有王）

50 親より先にはよものみ給はじなれば（平家・巻三・無文）

などである。つまり、

(1) 係助詞やいわゆる呼応の副詞と呼応して完結しているまとまりに「なれ」が接続している。

(2) 推量の助動詞「む」や「じ」に「なれ」が接続している。

(3) こういう接続の仕方は、已然形「なれ」にだけ認められるもので、他の活用形には認められない。

ということであるが、中古には全くなかった接続の仕方である。中古において、あれだけ連体形で終わる体言相当のまとまり（準体句）に接続することを拒んだ〈連体なり〉の已然形「なれ」が文相当のまとまりにさえ接続するようになったのは、どうしてだろうか。この問題については、章を改めて、後で考える。

第六章

「なり」の文法的意味

第一節　はじめに

この章では、ここまでに取り上げてきた〈体言なり〉〈終止なり〉〈連体なり〉など、いろいろな「なり」についてもう一度総括的に考察して、それらの文法的意味の違いを明らかにしたい。

活用語の終止形に接続する〈終止なり〉と、連体形に接続する〈連体なり〉とが、その文法的意味を異にするものであることは、第二章において詳しく論じた。しかし、〈体言なり〉をも含めた「なり」のそれぞれの文法的意味は別々に論じられることが多かった。そこで種々の「なり」を総括して、それらの文法的意味について考察してみたいのである。

「文法的意味」は、「文法的機能」「構文的機能」などと呼ばれるものとほぼ同じものを指す。「なり」の文法的意味は、「なり」が文の構成の上でどんな位置をしめるか、すなわち、文中において「なり」がどのような単位に接続するか、あるいは、どのような単位と関係するか、という結合の機能を意味する。

第二節　「なり」の接続の種類

さて、「なり」の文法的意味について考察する場合、竹岡正夫氏の論考のように、(1)やはり、「なり」がどのような語に接続しているかによって分類し考察するのが、最も優れた方法のように思われる。竹岡氏は、上代の「なり」の全用例を、その接続の面から次のように四大別した。

[A]

場所や時を表す名詞に接続するナリ

1 尾張にただに向へる尾津の崎那流一つ松、あせを。一つ松、人にありせば太刀はけましを、衣着せましを。一つ松、あせを。（古事記・景行・歌謡二九）

2 君が行き日長《け》くなりぬ。奈良路那留しまの木立も神さびにけり。（万葉・五・八六七）

3 旅奈礼ば思ひ絶えてもありつれど、家にある妹《いも》し思ひがなしも。（万葉・一五・三六八六）

[B]

副詞的な語に接続するナリ

4 高円の尾花吹きこす秋風に紐解き開《あ》けな。ただ奈良ずとも。（万葉・二〇・四二九五）

5 赤駒を打ちてさ緒引き心引き、いか奈流背《せ》なか吾《わ》がり来むといふ。（万葉・一四・三五三六）

6 妹《いも》が言へらく、常世辺《とこよへ》にまた帰り来て、今のごと逢はむと奈良ば、この篋《くしげ》開くなゆめと、そこらくに堅めしことを。（万葉・九・一七四〇）

[C]

体言（[A]以外の）に接続するナリ

(ア)7 千万《ちよろづ》の軍《いくさ》奈利とも言挙《ことあ》げせず取りて来ぬべき男とぞ思ふ。（万葉・六・九七二）

8 天皇《すめろき》のをす国奈礼ば、命《みこと》持ち立ち別れなば、（万葉・一七・四〇〇六）

(イ)9 ふたほがみ悪《あ》しけ人奈里。あた病《ゆまひ》わがする時に防人《さきもり》にさす。（万葉・二〇・四三八二）

10 恋ふといふはえも名づけたり。言ふすべのたづきも無きは吾《あ》が身奈里けり。（万葉・一八・四〇七八）

[D]

活用語の終止形に接続するナリ

(ア)11 倭《やまと》には鳴きてか来らむ、呼子鳥、象《きさ》の中山呼びぞ越《こゆ》奈流。（万葉・一・七〇）

12 天の河相向き立ちてわが恋ひし君来益《きます》奈利、紐解け設《ま》けな。（万葉・八・一五一八）

(イ)13 汝《な》をと吾《あ》を人ぞ離奈流《さく》、いで吾《わ》が君、人の中言《なかこと》聞きこすなゆめ。(万葉・四・六六〇)

14 秋田刈る廬《いほ》揺《うごく》奈利、白露し置く穂田なしと告げに来ぬらし。(万葉・一〇・二一七六)

以上、1から14までの用例は、竹岡氏のあげている多くの用例の中の一部を適宜抜き出したものである。さらに、中古に入ると、

[E] 活用語の連体形に接続するナリ

15 先立たぬ悔いの八千度《やちたび》悲しきは、流るる水のかへりこぬなり。(古今・哀傷・八三七)

16 大将どののおはしたるなり。(源氏・柏木)

[F] 接続助詞に接続するナリ

17 都へと思ふを物の悲しきは、帰らぬ人のあればなりけり。(土左日記・十二月二十七日)

18 大将などは六条の院にさぶらふと聞こしめしてなりけり。(源氏・鈴虫)

の二項が加わるが、以下、[A]から[F]までの全項目について、竹岡氏の論考に添う形で考察を進める。その際、以上の用例に示したように、[A]から[D]までについては、主として上代の用例を中心とし、中古の用例を取り上げて考察の対象とする。また、しばしば、現代語の「だ」を引き合いに出して参考にするが、それは、上代と中古、あるいは現代とで、[D]を除外すれば、それぞれの文法的意味に根本的な違いがないと予想されることと、なるべく竹岡氏の論考に沿って考察を進めたいと考えるからである。

第三節　場所や時を表す名詞に接続する「なり」([A])の文法的意味

場所や時を表す名詞に接続する「なり」について、竹岡氏は、前掲の用例1を例にして、

ナリと、その上の語句との関係は、

尾張にただに向へる尾津の崎　ナル

この図は、ナルが□の中の語句とは別次元にあって、包んでいることを示す。以下同。

と図示し、

尾張にただに向へる尾津の崎ナル

この図は、ナルが□の中の語句と同次元にあって、関係しあっていることを示す。以下同。

の如き関係にはない。(1)

と述べている。確かにに竹岡氏の言う通りであって、用例1における「なり」が、決して「尾津の崎」や「崎」と関係しているものでないことは、「…向へる」や「尾津の」が連体修飾の形をとっていることからも明らかである。形式文法などの立場では、文を、まず、

尾張に｜ただに｜向へる｜尾津の｜崎なる　（アルイハ　尾津の崎なる）

のように、文節に区切ることから、

崎　なる

この図は、「なる」が「崎」という単位と関係していることを示すだけであって、「なる」が「崎」を包むということまでは示さない。その点が、竹岡氏の図とは異なる。以下同じ。

あるいは、「尾津の崎」をひとまとまりの地名と見なして、

尾津の崎　なる

と考えるが、これは、文の構成を正しくとらえたものとは言えない。

第四節　副詞および副詞に準ずる語に接続する「なり」〔B〕の文法的意味

副詞および副詞に準ずる語に接続する「なり」については、竹岡氏は、次のように述べている。

やはりこのナリはその上の語句を承けて、その様な様態に在る事を示している。而してこれも、例えば、

(イ) ［梅の花］─［さかりナリ］

この図は、ナリが「さかり」と同次元において、「梅の花」とも又同じ次元で関係しあっていることを示す。なお、後述。以下同。

となるのではなく、

(ロ) ［梅の花─さかり］ナリ

となる事は、他の例や、特に6（竹岡氏の論文では用例番号5）の如き例、および、

(ハ) ［凡人子乃去禍蒙福麻久欲為流事波─為親爾］止奈利。（第二五詔）

などの例からみて明らかであろう。もし(ハ)の例を(イ)の如くに考えるとすれば、「止《と》」の存在理由がなく、文意も理解できない(1)。

すなわち、竹岡氏は、

(1) 他の例を見れば明らかである。

(2) 用例6や(ハ)の例から見て明らかである。

という二点から、(ロ)のように考えるのである。

⑵にいう、用例6や(ハ)の「なり」は、格助詞「と」に接続しているものであり、厳正には、副詞的な語に接続する「なり」と区別されるべきものであるが、それはさておき、これらが、(ハ)のような文構造を示すのは、「なり」の文法的意味以前に格助詞「と」の文法的意味によるものである。「と」は引用の格助詞などと呼ばれるように、種々の単位を文中に引用する機能を有する。どんな単位にも接続することが可能である。すなわち、

［　　］と

は、［　］の中がどんな構造であっても成立するのである。(ハ)における「止《と》」の存在理由はまさにそこにある。

「と」にはまた、次のような用例もある。

19 商変《あきかへ》し領《し》らすと、(跡)の御法《みのり》あらばこそわが下衣《したごろも》返し賜《たば》らめ。（万葉・一六・三八〇九）

20 霜ぐもりすと、(登)にかあらむ、ひさかたの夜わたる月の見えなく思へば（万葉・七・一〇八三）

したがって、(ハ)のような「…となり」の構造から、(ロ)の構造の正当性を論証しようとするのはいささか飛躍があり無理である。

さらに、理由の⑴についても、たとえば、用例5の「いかなる　背な」などは、

［背な］―［いか［なり］］

という構造からこそ変形できるものであり、必ずしも明らかなことではない。したがって、(ロ)は、

(ニ)　［梅の花］―［さかり［なり］］

のように修正される可能性も十分にあり、形容動詞の活用語尾の文法的意味は、改めて検討する必要がある。

時枝誠記氏は、氏の独特の文法理論から、(ロ)のような構造と考え、形容動詞という品詞を認めないが、これも

合わせて、次節で体言に接続する「なり」の場合について考察したあとで、総合的に考えることとする。

第五節　体言に接続する「なり」〔C〕の文法的意味

一、文節文法の立場から

体言のうち、［A］に分類した場所や時を表すものについてはすでに検討したので除外する。この「なり」とその上の語句との関係は、用例9と10を例にして言えば、

(a)　［ふたほがみ―悪しけ人］　なり
　　［言ふすべのたづきも無きは―わが身］　なり

(b)　［悪しけ人］　なり
　　［わが身］　なり

(c)　［人］　なり
　　［身］　なり

の三つが考えられる。ちなみに、用例9の、

ふたほがみ悪《あ》しけ人奈里。あた病《ゆまひ》わがする時に防人《さきもり》にさす。（万葉・二〇・四三八二）

は、日本古典文学大系『万葉集』によれば、「全く根性の悪い人である。私が急病をしている時に防人にさせるとは。」のような意味で、「ふたほがみ」は全くの意、「悪しけ」はよくないことの意。また、用例10の、

恋ふといふはえも名づけたり。言ふすべのたづきも無きは吾《あ》が身奈里けり。（万葉・一八・四〇七八）

は、「恋するとはよくも名づけたものです。心持を表現する何の仕方も持たないのは、私の身だと今になって分かりました。」のような意味で、「えも」はよくもの意、「たづき」はさま、状態の意である。

さて、これらのうち、まず、(c)は、第三節に述べたように、文をまず初めに平板に文節に区切ってしまい、文節を文の成分として文の構成を考えるという、文節文法の立場に立つ見方である。文節文法の立場に立つ佐伯梅友氏自身が、

係る文節は、意味的には必ずしも受ける文節の全体に係るとは限らない。たとえば、

あやしき→　下臈なれども
聖人の→　戒めに

の例において、意味を主にして考えれば、「あやしき」「聖人の」は、それぞれ「下臈」「戒め」だけに係るのであって、「なれ＝ども」や「に」には関係がない。

しかし、今は文節と文節との関係を中心に考えているのであるから、右のように扱うのである。(2)

と苦しい弁明をしているように、文の構造を正しくとらえているものとは言えない。

二、言語過程説の立場から

次に、(a)は、言語過程説の立場から提唱されるものである。時枝誠記氏は、

客体的表現、詞が、主体的表現、辞によって包まれ、また統一される。[3]

と述べ、たとえば、

彼は学生　だ

梅の花が咲い　た

電車が動か　ない

のような入子型構造図を創案した。この構造図によって、文構造が明らかになったところは多い。たとえば、佐伯氏が、「『あやしき』『聖人の』は、それぞれ『下臈』『戒め』だけに係るのであって、『なれ=ども』や『に』には関係がない。」と述べた点は、入子型構造図では、

あやしき　下臈　なれども

聖人　の　戒め　に

と図示され、係り受けの関係と意味の関係を正しく表している。

しかし、「詞が辞によって包まれ、また統一される」という考え方については、金田一春彦氏、渡辺実氏、服部四郎氏、阪倉篤義氏などから、いろいろな疑問が出されている。

たとえば、金田一氏によれば、「だ」「た」「ない」などは、それぞれ、

だ…トイウ属性ヲモッテイル・トイウ状態ニアル・ニ属スル・トイクォールノ関係デ結バレル

た…過去ニオイテソウイウ状態ダッタ・動作ガ完了シタ

ない…ガ否定サレル状態ニアル（マタハ属性ヲモッテイル）

のように、「事態の客観的な表現に用いられるものと認められる」(4)のであって、決して、言語主体の主体的立場を表現しているものではない。

また、渡辺氏によれば、「意味を絶ち言葉を閉じて文を結ぶ主体的ないとなみを託され」ているのは、助動詞ではない。(5)

そして、服部氏によれば、「ダという形式（厳密には、その「形」）は、それを発する人とは関係なく、或一定の意味（即ち意義素）を表わす」(6)ということである。

私も、すべての助動詞が主体的表現にあずかるものではないことを、これまでに繰り返し述べてきた。時枝氏の零記号 ▨ を使って図示すれば、

［咲く］▨　に対してよりも　［咲いた］▨

［動く］▨　に対してよりも　［動いた］▨

のように考える方が、言語事実に適合している。「動かない」について、さらに言えば、いわゆる陳述の副詞を含む、「電車は決して動かない。」という文の場合、

［電車は決して動か［ない］］

のような入子型に図示することはできない。「『決して動く』などということばは考えられないから」(7)である。時

枝氏は、こういう陳述の副詞は、「極めて異例に属するもの」であるとして、これを、

　思ふに、これらは、副詞として詞に所属するものではなく、辞に所属するのではないかと考へるのである。[8]

のように処理した。しかし、「梅の花が昨日咲いた。」のように、「昨日」という、陳述副詞ではない副詞を含む文の場合においても、「昨日咲く」という表現は考えられないから、同様に、

梅の花が昨日咲い　た

のように図示することはできないのである。

ちなみに、「決して」は一般に言われているように陳述副詞ではなく、程度副詞で、否定や禁止の程度が甚だしいことを表すが、「〜ない」と呼応するものであることは間違いない。

これは、副詞だけの問題ではなく、「ない」や「た」の文法的意味に関係している。すなわち、これらの助動詞（助動詞の全てというのではない）は、文を統一しているのではなく、それが接続している直上の語句と結合して、文の成分となっているのである。これは、古代語の場合についても同様に言えることであって、助動詞は、

□　助動詞

のような構造で、文を統一するものばかりでなく、ここで問題としている「なり」も、それが助動詞であるからという理由だけから、たとえば、

言ふすべのたづきも無きは―わが身　なり

のように図示される文法的意味を有するものだと即断することはできない。

三、体言に接続する「なり」〔C〕の文法的意味

さて、竹岡氏は、［C］について、「これらもすべて［A］［B］と同じ事が言える(1)」と述べ、時枝氏と同様、(a)の立場に立っているが、いかがなものであろうか。

［B］が、たとえば、

［梅の花］—［さかり］［なり］　→（変形）　［さかり］［なる］—［梅の花］

のように成分の順序を変えることができる関係にあることから、「なり」の接続している単位が「梅の花さかり」ではなく「さかり」だけであることについては明白である。この点については、第四節で述べたが、第二節にあげた［A］の三例（竹岡氏は七例あげている）をもう一度詳細に観察してみると、「なり」が接続している単位、すなわち、［　　］［なり］の［　　］は、すべて、

（連体修飾語）＋場所や時を表す名詞

（　）はその部分が存在したり存在しなかったりすること（optional であること）を示す。

という構造になっていることが知られる。すなわち、［A］において、「なり」が接続している単位は、主語・述語を備えた文相当のものではなく、常に体言相当のものなのである。したがって、［A］と同じように考えれば、［B］は、

［梅の花］—［さかり］［なり］

のように考えるべきものであろう。

［B］についても、全く同様なことが言える。たとえば、［A］の用例3は、主語にあたるものを補うとすれば、「我は旅なれど」ということになろうが、［A］の「なり」は、竹岡氏も言う通り、「ニアリと同じ用法で、何らかの事

物がナリの直上の語の示す場所又は時に在る意で、なお動詞的である」[1]のであって、この文の構造は、

我は―旅 ニアリ

ではなく、

我 は―旅 ニアリ　（↑我 は―旅 ニ アリ）

のように、示されるものであろう。

繰り返すことになるが、[A]の「なり」は、主語述語を備えた文相当の単位に接続しているのではなく、体言相当の単位に接続しているのである。したがって、「[A]と同じ事が言える」というのであれば、[C]においても、(a)ではなく、(b)が正当な構文のとらえ方だということになる。

しかし、竹岡氏が、(a)の立場をとるのには、他に次の二つの理由があるようである。[1]

①「我は海の子。」「春はあけぼの。」などは、この形のままで十分判断が表現され、文として通用していて、「だ」や「なり」の省略と考えるべきではない。

②断定の助動詞といわれる語には、たとえば、現代語で、「これは花だ。」「これは花です。」「これは花でございます。」のように、種々の敬語の系列がある。このことから、これらいわゆる断定の助動詞類は、対象に対する話手の断定表現であるよりも、もっと聞手や場面に対する話手の何らかの立場や姿勢を表す語ではないかと考えざるをえない。

②については、佐治圭三氏が、断定の助動詞に見られるような敬語の系列は、「『存在詞』にもあることで、そのことの故に、これらの『存在詞』が存在判断を表わす語でないとは言えないのではないか。[9]」と反論しており、

その通りであるが、さらに言えば、「で―す」や「で―ございます」の「で」の部分が「だ」の活用形なのである。つまり、「です」の起源は、「であります」「でございます」「でござります」「で、す」「でおはす」「で候（そう）」などいろいろに考えられて定説を得ないが(10)、語構成上、「で」が「だ」の活用形であることは疑いのないところのようであり、「でございます」にいたっては、「で」は明確に「ございます」と分離できる。したがって、この敬語の問題は、「だ」について議論する場合、除外していいものである。

次に①についてであるが、「我は海の子。」「春はあけぼの。」などは、竹岡氏の言う通り、それだけで「十分に判断を表わしている文として理解できる(1)」のであって、芳賀綏氏のいう「不完全叙述(11)」などにはあたらない。しかし、主格助詞「の」や目的格助詞「を」などの場合、それらを欠いても十分に主格や目的格であることが理解されるからといって、それらが格助詞であることを否定されはしない。これらの助詞は、顕在すれば、十分にその存在意義（機能）を発揮して、文の成分の格関係を明確に示すが、文の成分の関係構成に必須不可欠の存在ではない。同様に、「なり」がなくても判断文が成立することは、そのまま、「なり」が判断と無関係であることを意味しない。ここでは、「なり」の語義的意味については立ち入らないが、要するに、「春はあけぼの。」という文の存在は、「春はあけぼのなり。」という文を、

春はあけぼの なり

のように理解すべききめてにはならないのである。

四、「何は何なり」の構文

以上に述べてきたように、［A］との関係なども考慮して、［C］の「なり」の文法的意味は、(b)であると考えられるのであるが、ここで、「何は何なり。」という構造のいわゆる判断文に、

(i) □は□なり。

(ii) □は□。

(iii) □、□なり。

の三つの文型があって、

(iv) □、□。

という型がないことの意味について考えてみたい。(iv)の型が現実に存在しないのは、たとえば、

春、あけぼの。

では、単に体言の羅列、併置であって、「春」と「あけぼの」との関係が不明であることによるのだろうが、いわゆる判断文「何は何なり。」においては、「は」と「なり」とが同一のレベルにおいて文の成立にあずかっていると考えられる。竹岡氏も、「『ぞ』は…緒としてはナリと同次元にある語である」[1]と述べているが、これが、「は」が係助詞と呼ばれる所以である。すなわち、(i)(ii)(iii)は、ともに文として成立しているが、(i)は必要にして十分な条件を備えたものであり、(ii)(iii)は「は」もしくは「なり」の一方を備えて文成立の必要条件の一つを満たしている。それに対して、(iv)は文成立のための必要条件を欠くものである。

以上のように考えてくれば、「ふたほがみ悪しけ人なり」を、

と理解することが正しくないことが明らかであろう。「ふたほがみ、悪しけ人」のように体言あるいはそれ相当の単位を並べた文は、特殊な場面に依存した特別な場合以外には成立しえないのである。

阪倉篤義氏は、係助詞について論じ、次のように述べている。

たとへば、「柿本人麿歌聖なり」といふ文の構造は、

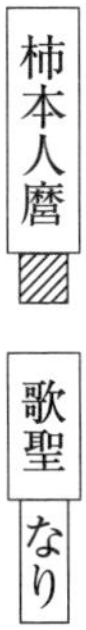

と図示されるが、それに対して、「柿本人麿なむ歌聖なる」といふ文は、

といふ構造をもつと考へなければならない。この▨は、あたらしく形成された、一まはりおほきなながれの文を統括する陳述なのであって、それは、いはば上下にわかれて、「なむ」と「なる」とによって分担されてゐるのである。[12]

傍線は、本書で施したものであるが、この部分には同感である。ただ、これまでに考察してきたところから、「柿本人麿歌聖なり」の方も、

という構造をもつものと考えて、

文を統括する陳述が、▨（もちろん「柿本人麿」についている方の▨である）と「なり」とによって分担されている。

と説明すべきだろう。

時枝誠記氏は、「名詞や体言が、連用修飾語をとる」例として、

明日から学校だ。

水に入ったら、てんで金槌だ。

などの例をあげている[13]。しかし、

明日から学校が

てんで金槌を

などが言えないことから考えれば、「明日から」や「てんで」は、「学校」「金槌」ではなく「学校だ」「金槌だ」と関係していると見るべきだろう。また、

とても美人だ。

について、「とても」は「美」に係るのだと説明する考えがあるが、これも、

とても美人は

とは言えないことを思えば、容易に否定されるだろう。「とても」は「美人だ」と関係していると見るのが自然である。いずれも、「だ」が文を統一していると見ようとするところから生じる誤りである。以上のことは、「なり」においても、全く同様に言えることである。

第六節　[B]と[C]との文法的意味の相違──形容動詞の論──

一、形容動詞の語幹と名詞

第五節における検討によって、体言に接続する「なり」(C)の文法的意味は明らかになった。そこで、この節では、副詞およびそれに準ずる語に接続する「なり」(B)の文法的意味を、[C]のそれとの関連において、さらに考究してみたい。

[B]は、いわば、形容動詞の活用語尾の「なり」である。用例4の「ただなり」、用例5の「いかなり」などは形容動詞である。竹岡氏は、用例6のような「…となり」の形もここに入れているが、これについては、すでに第四節において述べた。

さて、[B]と[C]との文法的意味の相違について考えるに際して、形容動詞について議論する場合に決まって持ち出される「形容動詞には連用修飾語はつくが連体修飾語がつかず、名詞はその逆である[14]」という点から考察を始めることにしたい。

以下、しばらく現代語を例として考察を進める。[B][C]の「なり」が、現代語の「だ」と文法的意味を等しくすることは問題のないところであろう。むしろ、現代の人間がこれらの「なり」について内省による考察を行う場合、それは「だ」について内省しているのだと言っていいかもしれない。

ところで、時枝誠記氏は、

彼は私の親友だ。

彼は親切だ。

の二例をあげ、

意味の上から云つて、前者の「親友」が名詞であるのに対して、後者の「親切」が形容詞的であり、従つて、後者には、「大変」「非常に」といふやうな連用修飾語を加へることができる。しかし、それは意味の上から来ることで、「親友」「親切」の二語が語性を異にしてゐるからではないのである。[15]

と述べている。水谷静夫氏は、時枝氏のこの考えを是認し、連体修飾、連用修飾というのは、「被修飾語の指す概念が実体視されてゐるか属性視されてゐるかの別を示すものであ」り、「いはゆる形容動詞語幹が指すものは属性概念である故、連用修飾語はつくが連体修飾語はつかない。[14]」と述べている。水谷氏によれば、

彼はすごい封建主義だ。

彼はすごく封建主義だ。

の違うところは、

前者が述語にも「彼」という実体の意識を失はなかつた―概念としては「封建主義者」だつた―為連体修飾語をとつたのに、後者は純粋に属性概念をのみ指したから連用修飾語をとつた点である。[14]

ということである。両者の「封建主義」の指す概念の違いはその通りであるとしても、「だ」の文法的意味の違いが全く考慮されていない。

水谷氏は、次のようにも述べている。

僕の右にある。

すぐ右にある。

で、前者の「右」は実体視された概念（＝右である場所）を、また後者は属性視された概念（＝或実体の、右）を指すから、同じ「名詞」でありながら連体修飾語をとったり連用修飾語をとったりする。[14]

しかし、両者の「右」がそれぞれに、実体視された概念と属性視された概念とを指して、相違するものであるとは考えられない。事実、

すぐ僕の右にある。

僕のすぐ右にある。

という文も、きわめて自然な表現として存在するのである。それだけでなく、「右」という語は、

すぐ右が　すぐ右を　すぐ右に　すぐ右は　すぐ右も

などのように、連用修飾語をとりながら、格助詞や係助詞を下接させるという特殊な性質をもつのである。これは、「右」だけでなく、

左　前　後　上　下　横　脇　向こう　昔　古く

などにも共通する性質であるが、これらの語はある基準から「右」「左」あるいは「昔」「古く」であるという概念を指すもので、連体修飾語はその基準を表し、連用修飾語はその基準からの距離や幅の量や程度を表しているのである。

このような性質は、当然のことながら「静か」「健康」など形容動詞の語幹にはないので、形容動詞否定の参考にはならない。

二、形容動詞と「体言＋だ」

従来の形容動詞論、特にその否定論は、語幹についての考察に重点が置かれていた嫌いがある。その結果、形容動詞の語幹が独立した一語としての用法をもつかもたないか、それが格助詞を下接することができるかどうか、などが専ら議論の対象とされてきた。

そこで、この問題を、活用語尾「だ」の文法的意味から考えてみる。まず、

彼は私の親友だ。

のような「体言＋だ」の場合、

(1)

のように図示される構造であり、「だ」の関係するのが「私の親友」という体言相当の単位であることは、すでに第五節で詳しく考察した。すなわち、「私の」という連体修飾語は、「親友」という体言と関係しているのである。それに対して、

彼はとても親切だ。

のような「形容動詞語幹＋だ」の場合には、やはり連用修飾語「とても」に注意しなければならない。たしかに、

(2)

と見て、「とても」は、属性概念を指している「親切」を修飾しているのだと説明することも一応は可能であろう。しかし、そうではなく、

(3)

のように、「親切」と「だ」とがまず結合して、用言資格の単位となり、それと連用修飾語の「とても」とが関係していると考えるべきである。そして、前掲の、

彼はすごい封建主義だ。

彼はすごく封建主義だ。

なども、

(4)

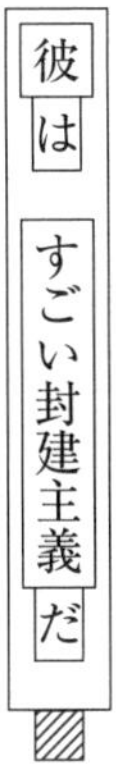

(5)

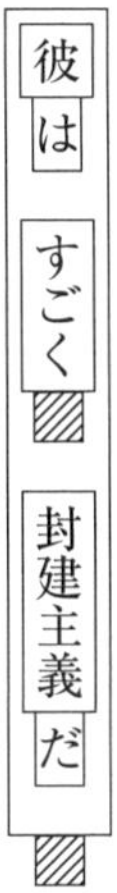

のように、文の構造上の相違として理解できることになる。

すなわち、形容動詞の活用語尾の「だ」は直上の語幹とまず結合して、文を構成する成分となる。それに対して、体言に接続する「だ」は、その体言によって総括される体言相当の単位と結合して、文の成分となる。この関係は、ほぼ次のように図示することができる。

◎形容動詞

◎体言＋だ

（連体修飾語）＋体言　だ

ここで注意すべきは、後者においては「だ」と結合している単位の上が開いていることである。

美しい花　だ

美しい色の花　だ

春に咲く美しい色の花　だ

毎年春に咲く花弁が美しい色の花　だ

のように、「だ」の接続している体言―右の例でいえば「花」―を修飾する、どんなに長い連体修飾語でも位置することができる。「体言＋だ」は状態を表すものではないから、形容動詞のように程度の修飾はとらないが、用言資格の文の成分になるから、

これは、たしかに　美しい色の花　だ

のように、連用修飾語が関係することができる。

一方、形容動詞の場合は、

形容動詞の語幹　だ

の□の中には副詞的名詞とでも呼ぶべき、属性概念を指す語（それが形容動詞の語幹になるわけだが）が位置する。しかし、それらの語の中には詳細に見ると、二種類のものがある。一つは、「静か」「朗らか」「積極的」など常に属性概念を指すものであり、もう一つは、「健康」「正直」などのように実体概念を指して格助詞に上位することもできるものである。そうして、後者のような語類の存在が形容動詞を否定する論拠となっているのである。

しかし、語構成論の立場ではなく、単語以上を対象とする文法論の立場に立てば、「春」や「大人」が実体概念を指し、格助詞に上位するという理由から、「春めく」や「大人ぶる」などを動詞でないと主張することは許されないはずである。時枝氏は、

> 玄関に来たのはお客さんらしい（推量の助動詞）。
> すっかり商人らしくなつた（接尾語）。
>
> 前者は、「お客さん」であると推定される客観的条件を多分に備へてゐる場合であるが、後者は、客観的状況の商人であることを云つてゐるので、そこには判断が表現されてゐるのではなくして、事柄の属性概念が表現されてゐる。後者の「らしく」は、「商人」と結合して一個の複合形容詞を構成してゐるのである。(16)

と述べているが、「静かだ」「親切だ」なども全く同様に、一個の複合語―これを形容動詞と呼ぶわけだが―となったものと考えることができる。

三、形容動詞否認論への反論

最後に、水谷静夫氏が形容動詞を否認する理由について考えてみる。水谷氏は、次のように述べる。

一体品詞とは何の為に施した分類であるか。私は思ふ、語の運用の為方を法則づける為にこそ必要なのである。従つて国語の場合、先づ言語主体の行為としての表現性の差によつて大別し、次いで他の語との断れ続きによつて細分すべきである。（中略）いはゆる形容動詞の表はす所は、表現主体の態度ではなくて、主体に対立する客体界の或るものである。時枝理論はこれを「詞」と呼ぶ。更に詞の下位分類原理としては、他の語との断れ続きの様をもつてするのがよい。[14]

そして、形容動詞が、語を運用する際の切れ続きの点で、用言よりも副詞や名詞に近いことを例をあげて説明し、

この事実こそ「形容動詞」と謂ふ品詞目を否定し二語に離すべき最強の理由である。[14]

と結論している。

しかし、果たしてこれは、形容動詞を否認する十分な理由になりうるだろうか。水谷氏の、語の形態（form）に徹した品詞分類が論理的なものであることは疑う余地がないが、文法論においては、語の機能（function）、文法的意味の面が無視されていいはずがない。いな、文法的意味の面こそ重視されるべきである。日本語における語の切れ続きは、語末の形態によるのであり、それが「だ」という同一の形態なのだから、「体言＋だ」と「形容動詞」とが近似した切れ続きの様相を見せるのは、むしろ当然のことと言える。

四、副詞等に接続する「なり」（B）の文法的意味

現代語の「だ」によって考察を進めてきたが、以上の考察によって、[B]と[C]との文法的意味の相違は明らかになったと思う。要するに、副詞およびそれに準ずる語に接続する「なり」（[B]）の文法的意味は、体言に接続す

る「なり」〔C〕の文法的意味とは、全く異なり、直上の副詞的名詞とまず結合することである。

時枝氏は、「我々の常識的な言語意識」を重視すると述べ、現行の国語辞書が形容動詞の語幹を見出し語として立てていることを、形容動詞否定の「一の重要な根拠」(17)としているが、これは語幹の独立性が強いからで、形容詞「赤い」「楽しい」などをその語幹「赤」「楽し」などで立て、「赤帽」「赤む」「赤めく」などを派生語とするのと同じような便宜的な処置であり、利用者の常識的な言語意識に乗っているわけではない。そして、『類聚名義抄』や『色葉字類抄』などの古辞書には、「なり」のついた形で出てくるのが一般だが、昔と現代とで常識的な言語意識が変わったとは考えられない。

第七節　活用語の連体形に接続する「なり」〔E〕の文法的意味

——あわせて、接続助詞に接続する「なり」〔F〕の文法的意味——

文献資料に現れる時期からすれば、次節で考察する活用語の終止形に接続する「なり」〔D〕の方が先なのであるが、考察の便宜上、〔E〕の方から検討する。

〔D〕と〔E〕との文法的意味については、すでに第二章において、かなり詳しく述べた。つまり、〔D〕は〈終止なり〉のことであり、〔E〕は〈連体なり〉のことである。しかし、整理する意味でもう一度検討し、諸々の「なり」全体の中に位置づけておきたい。

さて、〔E〕の文法的意味は、〔B〕や〔D〕の文法的意味の場合と全く同様に、たとえば用例15で言えば、一応、次のような三つの場合を想定することができる。

(a)　先立たぬ悔いの八千度悲しきは―流るる水のかへりこぬ　なり

(b)　流るる水のかへりこぬ　なり

(c)　かへりこぬ　なり

これらのうち、まず、(c)が妥当な構文のとらえ方でないことは、第四節や第五節で繰り返し述べてきたことから明らかだろう。(c)は、文を、まず、

先立たぬ　悔いの　八千度　悲しきは　流るる　水の　かへりこぬなり

のように、文の成分（文節）に区切って、それら相互の係り受け関係から文の構成を考えようとするものである。そうして、そういう見方からは、

流るる水の　かへりこぬなり

という主述関係が存在するとされる。しかし、主格助詞「の」は、第二章第四節の二に詳しく述べたように、

流るる水の　かへりこぬ　なり

のような、「の―なり構文」を構成するものである。したがって、(c)のような構文理解は妥当ではない。

次に、(a)についてであるが、すでに第五節において、[C]における(a)の見方が否定されているのであるから、この(a)についてもその見方を否定することは、さして困難なことではない。[C]と[E]とは、発生の上でも共時的にも強い関係を有するからである。

[E]、つまり、〈連体なり〉が、

(1)「の―なり構文」を構成する理由

(2) 活用語の連体形、特に形容詞や助動詞「べし」「ず」「まじ」「まほし」などの本活用の連体形に接続する理由

などについては、第二章で論じたので繰り返さないが、用例15では、係助詞「は」の存在が注目される。前にも述べたように、係助詞「は」は、「なり」と同一のレベルにあって、文の構成にあずかっているものである。

先立たぬ悔いの八千度悲しき　は　流るる水のかへりこぬ　なり

これは、用例17、

都へと思ふに物の悲しき　は　帰らぬ人のあれば　なりけり

のような[F]の場合と合わせ考えると一段と明らかである。この例は、

帰らぬ人のあれば、都へと思ふに物の悲しき。

という文を基にしており、「都へと思ふに物の悲しき」の部分を「は」によって取り立て、その理由について、それは、「帰らぬ人のあれば」だったのだと気づいたことを表現している。

□　ハ　□　ノダ（ツタノダ）

という表現の型である。

ところで、［E］には、連体形が存在しないようである。連体形に接続する「なり」であるが、それ自体の活用形には連体形がない。例外がある。すなわち、「なるらむ」「なるべし」などのように助動詞に続いていく場合は連体形の形をとる。しかし、連体修飾法や連体中止法、あるいは準体句になる形や係助詞の結びとしての連体形などは一切認められない。しかも、「らむ」「らし」などは、一般に終止形に接続する助動詞であるから、「なるらむ」「なるべし」などの「なる」も本来的には連体形ではないと言えるだろう。この連体形欠如という事実は、［E］が［B］や［C］とは異なるきわめて注目すべき点であるが、これは、やはり、［E］が、

□ハ　□ノダ

という題述の構文を構成するものだからであろう。この点については、章を改めて、第八章で考察することにする。

第八節　活用語の終止形に接続する「なり」（［D］）の文法的意味

一、［D］と［E］の判別基準

［D］の文法的意味について検討する前に、まず強調しておきたいことは、同じく活用語に接続する「なり」であるが、［D］すなわち〈終止なり〉と、［E］すなわち〈連体なり〉とは、全くの別語であるということである。

この点については、第二章において可能な限り科学的に論証しようと試みたが、そこで明らかになった、中古における、［D］と［E］との判別基準を対照的に列挙する（次ページ表）。こういうまとめ方は、第二章ではしなかった。

左のうち、[D]の①については、中田祝夫氏の論考がある。[18] 中田氏は、「ならく」の「なら」が推定伝聞の意味をもつことを論じたのだが、氏の説では、推定伝聞の「なり」はすなわち終止形に接続する「なり」(D)であるから、第二章における和文資料の調査では認められなかったけれども、この表の一項として加えるのである。

	終止形に接続する「なり」(D)	連体形に接続する「なり」(E)
①	「ならく」の「なら」は[D]である。	「ならく」の形以外の「なら」は[E]である。
②	「なりき」「なりつ」の「なり」は[D]である。	「なりけり」「なりけむ」の「なり」は[E]である。
③	撥音便形に接続する「なり」は[D]である。特に形容詞や助動詞「べし」「ず」「まじ」「まほし」などの補助活用の撥音便形に接続する「なり」は、すべて[D]である。	「あンなり」の「なり」の中には[E]もある。
④	「なンなり」の「なり」は[D]である。	「なンなり」「なンめり」などの「なン」は[E]である。
⑤	終止形で言い切りになる「なり」には[D]と[E]の両方があって、形態の上からは判別できない。	同上
⑥	連体形「なる」のうち、 (ア)連体修飾法 (イ)助詞に続くもの (ウ)連体形中止法 (エ)係り助詞の結び などは、すべて[D]である。	連体形「なる」のうち、「なるらむ」「なるべし」など助動詞に続いていくものは、[E]である。
⑦	係助詞「こそ」の結びの「なれ」は[D]である。	「なれば」「なれど」の「なれ」には、[D]と[E]の両方があって、形態的には判別できない。

大野晋氏の「アク」説によれば、「ならく」は「なるアク」の融合したもので、「ならく」の「なら」は起源的には連体形に由来するものと考えられるから、これは、「連体形『なる』のうち、連体修飾法は、全て[D]である。」という、判別基準[D]の⑥の(ア)と符合するわけである。また、[D]の②は小松登美氏の研究によるものである。

さて、このような判別基準の確立によって、

19 この人、歌よまんと思ふ心ありてなりけり。とかく言ひ言ひて、「浪の立つなること。」とうるへ言ひて、（土左日記・一月七日）

20「さぶらはんはいかに、いかに。」と、あまたたび言ふ声にぞおどろきて見れば、几帳のうしろに立てたる灯台の光はあらはなり。障子を五寸ばかりあけていふなりけり。（枕草子・大進生昌が家に）

などのように、上接語の「立つ」や「いふ」が四段活用で、終止形か連体形か判別できないことから、[D]つまり〈終止なり〉であるか、[E]つまり〈連体なり〉であるか、判別することが不可能だった「なり」が、前者、用例19は、[D]つまり〈終止なり〉であり、後者、用例20は、[E]つまり〈連体なり〉であると断定することができることになる。

従来の文法書や注釈書の中には、前者を[E]とか断定の意を表すものとしたり、後者を[D]とか推定の意を表すものとしたりしているものがある。そういう判定をした理由が示されていないものもあるが、総じて、前後の文脈から判断されたものが多い。

一体に、文法と解釈との関係は、「解釈文法」という言葉があるように、解釈のための文法であって、文法のための解釈であってはならない。文法が先でなければならない。言語は、意味を有する。その言語が対象であるから、文法研究から解釈を完全に除外することは難しいが、前後の文脈から、伝聞推定と解釈されるから[D]であ

るとか、断定の意味に解釈できるから［E］であるとするのは、本末転倒であり、順序が全く逆である。文法研究は、形態（form）や機能（function）を中心とした、それ自体の方法を持たなければならない。

この章では、「なり」の語義的意味については論及しないが、その文脈からしても、用例19の「なり」を推定の意味に解釈し、用例20の「なり」を断定の意味に解釈するのは無理でないように思われる。

二、［D］の文法的意味

以上、［D］と［E］との相違、その判別基準について考察してきたが、この節の主題に戻って、［D］の文法的意味について考えることにする。

すでに、第二章や第三章で繰り返し述べたように、［D］は、終止形に接続する助動詞「らむ」「らし」「べし」などと同様、もと自立語として「複述語構文」を構成したものが、その崩壊によって成立した助動詞であると考えられる。

主語　述語　述語（＝なり）

「複述語構文」においては、前部述語が、主語の属性や事態の客観的表現にあずかったのに対して、後部述語の「なり」は、主語に対する言語主体の受け取り方の表現にあずかったのである。すなわち、二つの述語は、レベルを全く異にするものであり、それぞれ、客観的表現（dictum）と主観的表現（modus）とを分担していたのである。このような成立の由来から、この［D］は、時枝誠記氏や竹岡正夫氏の説くように、用例14で言えば、

秋田刈る廬揺　なり

のように主述関係の備わった、文相当の単位と関係していると見ることができる。ただ、右の構造図は入子型とは違って、「なり」が「秋田刈る廬《いほ》揺《うごく》」を包んでいるのではなく、レベルを全く異にする主観の主体的表現（＝なり）が客観の客体的表現（＝□）に添加しているものだと考えるべきだろう。

第九節　おわりに

以上いろいろに接続する「なり」について、それらの文法的意味を考察してきたが、本章で明らかになったことを、次に列挙してまとめとする。

(1) 体言に接続する「なり」〔A〕〔C〕は、「（連体修飾語）＋体言」という体言相当の単位と関係する。

(2) 副詞およびそれに準ずる語、あるいは形容動詞の語幹に接続する「なり」〔B〕はそれらと結合して単語あるいは単語相当を構成する。

(3) 活用語の連体形や、接続助詞などに接続する「なり」〔E〕〔F〕は、それらの語ではなく、文の成分相当の単位と関係する。

(4) 活用語の終止形に接続する「なり」〔D〕は文相当の単位と関係する。

「と関係する」は「に添加する」と言い換えた方が分かりやすいかもしれない。要するに、「なり」はいろいろな単位に付くのである。(1)は〈体言なり〉であり、(3)の〔E〕は〈連体なり〉、(4)は〈終止なり〉である。

第七章

〈連体なり〉との相互承接を基準とした助動詞の分類

第一節　助動詞の分類の意義とそのあり方

助動詞の分類に限らず、一般に、分類を行う場合には、その分類の対象となる集合体を構成する要素（元）が明確になっていなければならない。ところが、ここで分類の対象とする助動詞という集合体は、実は、単純明確に、その要素を決定することができないのである。この間の事情について、阪倉篤義氏は次のように述べている。

いはゆる助動詞についての考へかたに、これまで、かなりまちまちなものがあり、したがつてまた、その名称も一定しなかつたといふのは、結局、この名のもとにまとめられてゐる種々の語の、性格の複雑さや多様さによるところがおほきいと思はれる。(1)

構成する要素が確定しなければ、精確な分類はできない。しかし、助動詞の定義も確定していないし、その外延も定まっていない状況にあっては、逆に、助動詞とされる語を広く対象として分類し、そこから、助動詞とはどういうものか、どのような語を助動詞とすべきかを考察するのも一つの方法だろう。そういうことから、本章では、助動詞の外延については広くとらえ、一般に中古の助動詞とされている語を考察の対象とする。したがって、以下に「助動詞」という術語を便宜使用するが、それは明確な定義が与えられ、外延のはっきりしているものではない。

実を言えば、本章の目的は、助動詞の分類の基準に〈連体なり〉を使うことによって、あるいは、〈連体なり〉が使えることを示すことによって、〈連体なり〉の特性を明らかにすることにあるのである。

さて、従来の助動詞の分類は、いろいろな観点からなされてきたが、大きく分けると、次の四種になるだろう。

(1) 意味による分類
(2) 活用の形式による分類
(3) 接続の仕方による分類
(4) 相互承接による分類

この他にも、「アクセントによる分類」などというものもあるが、ここでは、これらの一つ一つについて詳しく述べることはしない。しかし、これらのうち、(4)の「相互承接による分類」が最もすぐれた分類の一つであることは、いろいろな面から言える。助動詞の相互承接に順位が定まっているという事実は、その分類にあたって重視されなければならない。山崎良幸氏は、

一つの品詞に属する語相互の間に存在する承接上の上下または前後関係は、むしろ言語表現における慣習或は慣用に由来すると考えるべきではないかと思う。またかりに、そこに一定の秩序があって、単なる慣用ではないとしても、それはむしろ語と語の意義的関係の区別からではないであろうと思うのである(2)。

のように述べて、この厳然たる言語事実を単なる慣習あるいは慣用に由来するものと考えているが、文法論は、山崎氏自身も述べているように、具体的な言語事実に即して構築されなければならないものであって、やはり、助動詞に厳然たる相互承接の順序があるという具体的言語事実は、重視されなければならない(3)。

ただ、(4)が最も優れた分類であるといっても、その分類基準が所詮は助動詞の一面をとらえているものでしかないという点においては、他の(1)(2)(3)などの分類と変わるところがない。望ましい分類は、すべての面を統合するような分類基準によるものだろう。そういう点で、橋本進吉氏の分類は、かなり成功しているということができる。水野清氏の紹介しているものであるが(4)、橋本氏は、次のような助動詞連接表を作成している。

橋本進吉氏の助動詞連接表

<table>
<tr><th>その意味</th><th></th><th>所属する
活用形</th><th>活用形の
完・不完</th></tr>
<tr><td rowspan="2">相の助動詞</td><td>Ⅰす、さす；しむ</td><td>未然形に付く</td><td rowspan="6">完</td></tr>
<tr><td>Ⅱる、らる</td><td>〃</td></tr>
<tr><td>希望　〃</td><td>Ⅲたし、たかり</td><td>連用形に付く</td></tr>
<tr><td rowspan="3">完了　〃
（肯定の確定）</td><td>Ⅳぬ、り</td><td>〃</td></tr>
<tr><td>Ⅴたり⊔</td><td>〃</td></tr>
<tr><td>Ⅵつ</td><td>〃</td></tr>
<tr><td>否定　〃
（否定の確定）</td><td>Ⅶず、ざり⊔</td><td>未然形に付く</td><td rowspan="2">命令形
のみ欠</td></tr>
<tr><td rowspan="3">不確定および
過去（肯定の
確定）</td><td>Ⅷべし、べかり⊔；
まじ、まじかり⊔</td><td>終止形につく</td></tr>
<tr><td>Ⅸけり⊔、めり⊔</td><td>連用と終止</td><td>さらに連用
あるいは未
然も欠く</td></tr>
<tr><td>Ⅹき、けむ；らし
らむ、む、まし、じ</td><td>連用と終止
と未然</td><td>終止以下
の形のみ
「じ」は、
已然形も
欠く</td></tr>
</table>

（注）⊔は ari をふくむ助動詞、その ari 動詞のため、順序を乱すことあり。（例「ベカラズ」は「ベク―アラズ」だから。）

①その所属する活用形は、だいたいうまく分かれている。（意味上の分類と一致。）

②助動詞自体の活用形は、

（Ⅵ）までは、みんなそろっている。

（Ⅶ）は命令形のみなし、終助詞「な」で補われる。（例「行クナ」）

（Ⅷ）は欠けない。（命令形は、語の意味からして、ありえない。）

（Ⅸ・Ⅹ）は、大部分が、終止、連体、已然の形のみ。

ただ、橋本氏の助動詞連接表には、いろいろな語が欠落している。すなわち、〈体言たり〉〈終止なり〉「まほし」などであるが、中でも、〈連体なり〉が除外されていることは重大である。

ところで、一体に分類というものは、目的があって行われるはずのものであり、いろいろな目的に応じて、分類はそれぞれに可能である。たとえば、ある目的によっては、音節数による分類、五十音順による分類などというものもあり得る。逆に、目的の明確でない分類は、無意味な、分類のための分類に終わってしまうだろう。そういう点で、従来の助動詞の分類に目的意識があったかどうかということになると、はなはだ疑問である。従来の分類においても、

(1) 助動詞の語義的意味、文法的意味の解明
(2) 助動詞の多様性の解明

などの目的が、漠然とではあっても、意識されていただろうと考えたいが、助動詞が文構造の上で重要な位置を占めるものであることから、さらに加えて、

(3) 述語成分の構造の解明、文構造の解明

という目的が強く意識される必要があるだろう。

第二節 〈連体なり〉との相互承接による助動詞の分類

前節にも述べたように、橋本進吉氏の助動詞連接表は、助動詞の意味や活用をその相互承接との関係において統合的に把握しようとして、かなり成功しているが、〈連体なり〉をその分類から外してしまっていることは、

きわめて遺憾である。橋本氏は、〈連体なり〉を、

体言または准体言（例、「忘れざりし（koto）なりけり」）を受けるものであり、この「忘れざりし」は一固まりとなって名詞的連語を作り、前掲の順序はその連語の中だけで働き、「なり」以下には関係しないとして、除かれた。(4)

ということで除外したのだが、〈連体なり〉には、「なりけり」「なるべし」「なるらむ」などのように、他の助動詞が下接するのであり、どういう助動詞に接続するかだけでなく、どういう助動詞が下接するかを分類の基準とする場合、当然、〈連体なり〉も考察の対象に組み入れられなければならない。しかも、以下に述べるように、〈連体なり〉は、除外してはならない、重大な分類上の役割を有するのであり、〈連体なり〉を無視しては、述語成分の構造あるいは文の構造が明らかにならない。

ところで、この〈連体なり〉は、橋本氏が、連接表から除外した理由にあるように、活用語の連体形に接続するという点で、助動詞の中にあって特異な存在である。活用語の連体形に接続するものに「ごとし」があるが、この語は、たとえば、

・その本意のごともし給はず（源氏・夕霧）

・心の闇は同じごとなむおはしましける（源氏・宿木）

などのように「ごと」だけの用法があったり、「のごとし」「がごとし」などの形で助詞に接続することがあったりして、他の助動詞とは多分に相違した用法をもつ。ちなみに、山田孝雄氏は、「ごとし」を形式形容詞と呼び、時枝誠記氏は、形容詞的不完全用言と呼んで、ともに助動詞から除外している。「ごとし」を助動詞から除外すると、活用語の連体形に接続する助動詞は〈連体なり〉だけということになる。実は、〈連体なり〉も助動詞で

はなく形式動詞であるというのが私の考えであるが、(5) この〈連体なり〉には、他のほとんどすべての助動詞が上接または下接するという特性がある。そこで、〈連体なり〉を基準として、それとの相互承接の関係から、助動詞を分類してみる。〈連体なり〉を分類の基準にするのは、後述するように、ほとんどすべての助動詞が上接または下接するということからだけでなく、〈連体なり〉の文法的意味が分類にきわめて有効だからである。

さて、そこで、〈連体なり〉を基準として、それとの相互承接の関係から、助動詞を分類してみると、次のようになる。

(a) 常に〈連体なり〉に上接するもの

す・さす・しむ・る・らる・まほし・(たし)・つ・ぬ・たり・り・き・(体言なり)

(b) 常に〈連体なり〉に下接するもの

む・まし・じ・けむ・らむ・らし・めり・終止なり

(c) 〈連体なり〉に上接することも下接することもあるもの

けり・べし・ず・まじ

中古の文献資料のすべてについて詳しく調査したわけではないので、修正されるところが出てくるかもしれないが、ほぼ以上のようになると見ていい。中世の、たとえば、徒然草や平家物語などでは、(b)に属する助動詞でも、〈連体なり〉に上接する場合があるが、それは特定の形態に限られるし、時代も下ることなので、章を改めて第九章で考えることにする。

第三節　〈連体なり〉の文法的意味

ところで、〈連体なり〉に対して、ある助動詞（a)グループの助動詞と呼ぶことにする）は常に上接し、ある助動詞（b)グループの助動詞）は常に下接し、そして、ある助動詞（c)グループの助動詞）は、場合によって上接も下接もするという事実は、何を意味するものであるか。それは〈連体なり〉の文法的意味によるのである。〈連体なり〉の文法的意味については、第二章「〈終止なり〉と〈連体なり〉」や第六章「『なり』の文法的意味」に述べたので、詳しくはそれらの章に譲るが、結論的にいえば、たとえば、

・先立たぬ悔いの八千度《やちたび》悲しきは流るる水のかへりこぬなり（古今・哀傷・八三七）

の文構造は、

(1)　［先立たぬ悔いの八千度悲しきは、流るる水のかへりこぬ］［なり］

(2)　先立たぬ悔いの八千度悲しきは流るる水の［かへりこぬ］［なり］

などでなく、

(3)　先立たぬ悔いの八千度悲しきは　［流るる水のかへりこぬ］［なり］

であると考えなければならない。(1)は時枝文法の入子型構造の捉え方であり、(2)は橋本文法の文節的な捉え方であるが、いずれも首肯することのできない捉え方である。時枝誠記氏は、助動詞はすべて文に統一を与えるものであると考えたが、(6) それは、

(ア)

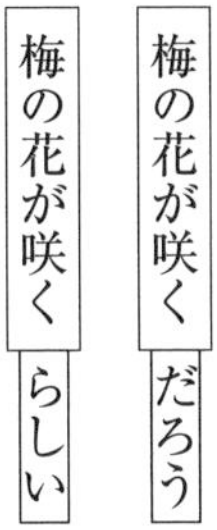

などの「だろう」や「らしい」には適合するけれども、

(イ) 梅の花が咲いた。
梅の花が咲かない。

などの「た」や「ない」には当てはまらない。これらは、入子型で示せば、

(ウ)

のようになって、「た」「ない」は直上の語「咲く」とまず最初に結合して、「咲いた」「咲かない」となり、文を構成する成分となると考えるべきである。時枝氏は、「れる・られる・せる・させる・たい」などを接尾語として助動詞から除外したが、それ以外の助動詞については、その文法的意味が一様であると見なしている。しかし、時枝氏のいう意味での助動詞はもっと少数のものに限定されるべきである。それはともかく、〈連体なり〉は、文相当の単位に下接して文を統合するものでもなく、文節相当の単位に下接して文節を構成するものでもなく、(3)の図に示したように、句相当の単位（準体句）に下接して文の成分を構成するものである。

第四節　(a)グループの助動詞について

さて、〈連体なり〉の文法的意味が以上に述べたようなものであることが確認されると、〈連体なり〉に上接する(a)グループの助動詞は、到底、文を統一するような文法的意味を有するものではありえないということになる。(a)グループの助動詞は、

(a)	なり

のように、句相当の単位（準体句）を作り、それに〈連体なり〉が下接するのである。

(a)グループの助動詞については、時枝氏のいうような主体的立場の表現とか「心の声」という捉え方は当たらない。これらの助動詞は、例えば「せ＝られ＝たり＝つる」などのように重ね用いられることがあるが、次節に述べる予定の(b)グループの助動詞は重ね用いられることはない。この事実は、(a)グループの助動詞が、客観的、論理的な表現（客観的な事象に対応した表現）であることと深い関連をもつものである。

〈連体なり〉が〈体言なり〉から成立したものであることは、これまでの各章において詳しく論じた。体言の位置するところに位置する「準体句」が客観的表現であること、したがって、それを構成する(a)グループの助動詞が客観的、論理的な表現にあずかるものであることは容易に頷けることである。しかも、この〈連体なり〉に上接する「準体句」には、体言に上接する「連体句」や、格助詞や係助詞に上接する「準体句」の場合と違って、(b)グループの助動詞は位置することができないのである。

〈連体なり〉はまた、接続助詞「て」や「ば」などに下接するが、「て」や「ば」の構成する接続句「〜て」「〜ば」などは客観的表現にあずかるものである。このことからも、〈連体なり〉に上接する(a)グループの助動詞が客観的、論理的な表現にあずかるものであることが首肯される。

以上のように、(a)グループの助動詞は、その文法的意味の面からいえば、直上の用言もしくはそれと助動詞との複合体と関係するものであり、語義的意味の面からいえば、用言の語義的意味（それは客観的な意味である）を補うものである。このような文法的意味、語義的意味をもつ語を、時枝氏は、「接尾語」と呼んだ。また、山田孝雄氏は、

吾人が之を再度の語尾又は複語尾と称するは用言其の者の本源的語尾ありてそれぞれ陳述の用をなせるに、なほ一層複雑なる意義をあらはさむが為に其の本源的語尾に更に附属する一種の語尾なればかくの如く称したり。(7)

ということで、助動詞一般を「複語尾」と呼んだ。ただし、時枝氏が、言語過程説に立って、「接尾語」を「る・らる・す・さす・しむ・まほし」などに限定し、山田氏が、用言に陳述作用を認める立場から、「複語尾」を助動詞一般に拡張したのに対して、(a)グループの助動詞は、文法的意味（構文論的観点）の上から分類されたものであり、結果として、その外延が、時枝氏の「接尾語」(8)よりは広く（(a)グループの助動詞は氏の「接尾語」を内包する）、山田氏の「複語尾」よりは狭くなっている。

(a)グループの助動詞は、中止法があるかないか、接続助詞「て」を下接させる用法があるかないかという基準でさらに二分することができる。そしてそれには文法的意味が関係してくる。しかし、これは(a)グループの助動詞の内部のことなので、ここでは追究しないことにする。

第五節　(b)グループの助動詞について

一、形態面の顕著な特徴

次に、常に〈連体なり〉に下接する(b)グループの助動詞についてであるが、このグループの助動詞にはいくつかの共通した特徴が認められる。すなわち、形態の面からは、(b)グループの助動詞は、

(1)　終止形に下接するものが多い。

(2)　相互に接続することがない。

(3)　すべて、命令形をもたない。

(4)　原則として、終止・連体・已然形の三つの活用形しかもたない。

という共通した特徴が認められ、語義的意味の面からは、

(5)　すべて、推量・意志など言語主体の事態把握の仕方についての表現にあずかっている。

という共通点が認められる。

二、終止形に下接する理由

まず、(1)の事実はきわめて重要である。「らむ・らし・めり・終止なり」などが活用語の終止形に下接することは、それらの用例によって観察することができるが、その他の(b)グループの助動詞「む・まし・じ・けむ」なども、また、本来は終止形に下接したものであるということができるかもしれない。

大野晋氏によれば、「む・けむ・ず」などは、amu あるいは anisu という形を想定することによって、本来は終止形接続であったと考えることができるし、(9) 同様に、「まし」は「む」を頭部の構成素とし、「じ」は「ず」を頭部の構成素とするものだろうから、本来は終止形接続であったと考えることができる。中古の共時論的考察に、このような発生論的な考え方を持ち込むことは慎重でなければならないが、それにしても、この終止形に接続するという事実は、(b)グループの助動詞に認められる顕著な特徴の一つである。

終止形に接続するということの意味については、すでに第二章や第三章において述べたが、終止形が切れる形であることを考えると、これら終止形に接続している助動詞は、本来、その上位語に直接接続しているものではなかったのである。すなわち、文構造の上からいえば、

文相当　＋　文の統一
　　　　　　(b)グループの助動詞

のように、(b)グループの助動詞は、すでに文として成立しうるような単位に添加して、文の統一にあずかっているのであり、これらの助動詞こそ、時枝氏のいう「辞」としての助動詞に適合するものである。

また、表現内容の上から見ると、

客観的表現　＋　主体の側の表現
　　　　　　　　(b)グループの助動詞

のように、上位の文相当の単位が客観的表現であるのに対して、(b)グループの助動詞は言語主体の対象把握の仕方（捉え方）の表現であり、両者は、まったく異質の表現にあずかっているものである。ここに、この節の冒頭にあげた(5)の事実が関連してくるのである。そして、こういう表現こそが鈴木朖のいうところの「心の声」(10)であ

り、「心の声」の表現にあずかる助動詞は、この(b)グループの助動詞（そして、後述する(c)グループの助動詞のある場合）に限定されるべきである。

言語表現は、主観的表現と客観的表現の二つに大別される。主観は、ある対象に対して知覚し、意識し、思惟し、あるいは判断し、感動する自我のことで、主観的表現は、そういう主観の作用の表現のことである。それに対して、客観は、主観の作用の対象となるもの、あるいは、主観の作用とは独立して存在するもの、つまり、外界、自然界のことで、客観的表現は、そういうものについての表現である。

客観的表現は、まさに主観の作用から独立した客観的なものについての表現であるから、事実内容（cognitive meanings）について、真か偽かという真理価（truth value）を問題にすることができる。それに対して、主観的表現は、客観とは次元の異なる言語主体の対象把握の仕方の表現であるから、そういうこととは全く無関係である。

現代語の表現、

・梅の花が咲いたらしい。

・梅の花が咲いているだろう。

などに例をとれば、これらの表現は、客観的な事象、事態と対応する表現である「梅の花が咲いた」「梅の花が咲いている」と、言語主体の対象把握の仕方の表現である「らしい」「だろう」との統合したものである。前者については、「咲いたか、咲かなかったか」、あるいは「咲いているか、咲いていないか」など、その真偽を問うことができる。それに対して、「らしい」や「だろう」など、推定していることや推量していることについては、真偽を問うこと自体が無意味である。

三、相互に承接することがない理由

次に、(2)としてあげた、(b)グループの助動詞は相互に承接することがないという事実も重要である。第四節において述べたように、この事実は(a)グループの助動詞がいくつも重ね用いられることがあるのと対照的である。(a)グループの助動詞は客観的表現にあずかるものであるが、客観的な事象は分節(articulation)されて、その一つ一つがそれぞれの助動詞によって表現される。したがって、(a)グループの助動詞は重ね用いられる。それに対して、言語主体の事象把握の仕方の方法は、一つの文においては、一種一回である。したがって、(b)グループの助動詞は重ね用いられることがない。(a)グループの助動詞と(b)グループの助動詞とは、この点からも全く質を異にするものであることが言える。

四、命令形をもたない理由

また、(b)グループの助動詞は、(3)共通して命令形をもたないという点で特徴づけられる。(b)グループの助動詞は、後述するように、命令形だけでなく、他の活用形も欠くのであるが、なぜ命令形を欠くのかという点に問題を絞って考えれば、命令形は、活用語の有する語義的意味に「命令」という法(mood)が添加した表現である。(b)グループの助動詞が命令形をもたないのは、それらがすでに言語主体の側の表現であるからに他ならない。

五、終止・連体・已然の三活用形しかもたない理由

最後にしかし最も重要な形態上の特徴は、(4)としてあげた、(b)グループの助動詞は、共通して、終止・連体・已然の三つの活用形しかもたない、という事実である。もっとも、これには補説が必要で、詳しく見れば、「め

り」や〈終止なり〉には、僅少ながら、連用形の用例が存在し、〈終止なり〉にはさらに未然形の用例も認められる。

しかし、「めり」〈終止なり〉の連用形の用例というのは、助動詞「き」「つ」が下接する場合だけであるし、[11]〈終止なり〉の未然形の用例は、「なら＝く」といういわゆるク語法の場合に限られる。そうして、「めり」や〈終止なり〉が(a)グループの助動詞である「き」や「つ」に上接するのは、これらの助動詞が言語主体の側の主観的表現であるというよりは、「ソノヨウニ見エル状態ニアル」「ソノヨウニ聞コエル状態ニアル」というような客観的な事態と対応する客観的な表現にあずかる場合であると見ることができる。すなわち、(b)グループの助動詞が(a)グループの助動詞に（起源的にそういう特性があるところから）転成、転用されたものと考えることができる。また、「ならく」の場合は、第六章第八節において述べたように、「なるアク」という形を想定することによって、本来的には、連体形に帰属させることができる。したがって、多少の問題は含みながらも、一応、(b)グループの助動詞は、終止・連体・已然の三活用形しかもたない、と結論することができる。

ところで、この三つの活用形は、他の活用形にはない、共通の特性をもつ。すなわち、

(1) 形態の面からいえば、助動詞が下接しない形である。

(2) 表現の面からいえば、現在の既定の事象を表す単位を構成する形である。

という特性である。

まず、(2)について見るに、この事実は、(b)グループの助動詞の特性を知る上できわめて重要である。未然形は、まさにその呼称の通り、推量・打ち消しや仮定の形を作り、未だ然らざる事態を表現する活用形であり、連用形は、「き」や「けり」を下接させて過去の事象を表現したり、中止法、つまり時制の表現を保留する活用形

である。そして、命令形は、未発の事象についてのみ命令が可能であることから、現在の事象についての表現ではありえない。すなわち、終止・連体・已然の三活用形は現在の既定の事象を表す単位を構成し、他の、未然・連用・命令の三活用形は非現在の事象を表現する単位を構成するというように、両者はきわだった対照を示している。

それでは、(b)グループの助動詞が、この現在既定形とでも称すべき、終止・連体・已然の三つの活用形しかもたない理由は何であろうか。それは以上に述べてきたことからも明らかなように、言語主体の側の表現は、常に言語表現の行われるその時点における言語主体の対象把握の仕方についての表現であって、それには、未来も過去もなく、ただ現在があるだけだからである。

ただし、(b)グループの助動詞ではないが、「き」と「けり」は、少なくとも中古にあっては、終止・連体・已然の三つの活用形しかもたない。これについては、「けり」は、後述するように、(b)グループの助動詞に準じて考えられるところがあり、「き」は、その語義的意味が過去である（とされている）から、それ自体の活用形は現在既定形でいいのだと、一応説明することができる。

さて、(1)についてであるが、終止・連体・已然の三活用形が「助動詞が下接しない形である」というのは、やや乱暴な言い方に過ぎるかもしれない。ここで問題にしている(b)グループの助動詞の多くが終止形に下接するものであるし、〈連体なり〉は連体形に下接し、完了の助動詞「り」は已然形に下接する（と言われている）からである。しかし、これらは、いずれも、他の助動詞が未然形や連用形に下接する場合とは事情を異にするものであり、ここで改めて説明を加える必要はないだろう。

終止形は、いうまでもなく終止する形である。そこで句点「。」を付けることができる形である。連体形も已然形も、また、係助詞を受けて終止する形である。したがって、これら三つの活用形はそこで終止して切れることのある形である。助動詞が下接しないという事実も、こういう終止形の特性と関連しているのである。

六、「不変化助動詞」との対応

ところで、金田一春彦氏は、現代語の助動詞について、特にその語義的意味の面から、鋭い考察を加え、次のような結論を提示している。(12)

［A］助動詞のうち、「う」「よう」「まい」「だろう」ある場合の「た」「だ」など、終止形しかないものは、話者のその時の心理の主観的表現をするのに用いられる。

［B］助動詞のうち、「ない」「らしい」「ます」「です」ふつうの「た」「だ」など、いろいろの活用形をもつものは、動詞・形容詞と同じく、事態・属性などを客観的に表現するのに用いられるものである。

［C］主観的表現に用いられる語は、文の末尾以外に立ち得ない。客観的表現に用いられる語は種々の位置に立ち得る。

そうして、金田一氏は、［A］にあげたような助動詞を「不変化助動詞」と呼んだが、今ここで考察の対象としている(b)グループの助動詞は、終止・連体・已然の三つの活用形を有するけれども、金田一氏のいう不変化助動詞に相当するものだと考えられる。

現代語においては、「が」「けれども」「ので」「ところ」などの接続助詞等の発達によって、已然形はその存在理由を失ってしまったが、已然形が(b)グループの助動詞にあってはならない活用形でないことはすでに述べた通りである。また、連体形は金田一氏の不変化助動詞にもあるのであって、氏が、不変化助動詞には終止形だけしかないとしたのは、その連体形が終止形とは意義も用法も相違するとして、両者を別語であると見たからである。

そういうことで、(b)グループの助動詞は、現代語の不変化助動詞と対応するものと考えてよさそうである。そうして、事実、金田一氏が、「終止法—終止形ではなく終止法だけが特殊の意義をもって用いられるもの[13]」としてあげている、

ん・らん・けん・らし・△べし・じ・△まじ・△き・△けり・なり

の一〇語は、(b)グループの助動詞とかなり重なる。△印を冠した四語が重ならず、また、「まし」が落ちているけれども、それらの理由については、以下に述べるところから理解されるはずである。

ただし、金田一氏は、不変化助動詞にあっても、連体形はすべて客観的表現にあずかるものであるとしているが、たとえば、

・行くだろう人。（推量）

・行くまいものを。（打消しの推量）

などと言うときの「だろう」「まい」などは、客観的表現というよりは、主観的表現と見るべきである。それよりも、

＊行くだろうのだ。

＊行くまいのだ。

など、「のだ」（これが中古の〈連体なり〉に相当する）に上接できないという点に注目すべきである。

少なくとも中古の助動詞にあっては、(b)グループの助動詞も、準体句や連体句の末尾に位置することがある

が、その連体形は、主観的表現にあずかっている。また、「ぞ」「なむ」「や」「か」などの係助詞を受けて結ぶ連体形も主観的表現になっている。「こそ」の結びとなる已然形も同様である。これを要するに、(b)グループの助動詞は、終止形以外の活用形（といっても、連体形と已然形とだが）の場合にも主観的表現にあずかるのであって、その連体形が〈連体なり〉に上接する用法をもたないという点に特徴があるのである。

第六節　(c)グループの助動詞について

一、(a)グループの助動詞と(b)グループの助動詞

以上考察してきたことにより、文法的意味の面からいえば、(a)グループの助動詞は、直上の用言もしくは用言と助動詞との複合体に下接し文の構成成分となるものであり、(b)グループの助動詞は、文相当あるいは句相当の単位に下接して文の統一にあずかるものであることが明らかになった。また、語義的意味の面からいえば、(a)グループの助動詞は、直上の用言もしくは用言と助動詞との複合体の客観的意味を補うものであり、(b)グループの助動詞は、上位する文相当あるいは句相当の単位の客観的意味とは全く異質の、言語主体の側の主観の表現にあずかるものであることが明らかになった。前者は、金田一氏の「客観表現」の語、dictum であり、後者は、「主観表現」の語、modus である。

さて、それでは、〈連体なり〉に上接することも下接することもある(c)グループの助動詞は、どういうことになるか。(c)グループに属する助動詞は、

けり・べし・ず・まじ

の四語であるが、具体的に見てみることにしよう。

二、「べし」について

まず、「べし」である。『源氏物語大成・索引篇』によって、源氏物語における「べし」と〈連体なり〉との相互承接の関係について調査してみると、その状況は「表1」「表2」のようになっている。

二つの表を見比べると、「べし」は、「表1」のように〈連体なり〉に上接する場合には、可能、当然、義務、適当などの語義的意味を有し、「表2」のように〈連体なり〉に下接する場合には、推量の意味を表すようである。これについては、一つ一つの用例について厳正な検討をすることが必要であるが、大きな差異があることは認めていいだろう。

連接の形態	例数
べきならむ	1
べきならねば	12
べきならねど	2
べきなりけり	2
べきなンなり	17
べきなンめり	2
べきなり	4

〔表1〕「べし」＋「なり」

連接の形態	例数
用言＋なるべし	33
るなるべし	7
れたまへるなるべし	1
たるなるべし	7
ぬなるべし	9
たらぬなるべし	1
れぬなるべし	1
るるなるべし	1
けるなるべし	3
にけるなるべし	1
たりけるなるべし	1

〔表2〕「なり」＋「べし」

ところで、可能、当然、義務、適当などと推量、意志などとは、客観的表現か主観的表現かという観点から見ると、全く対蹠的な関係にある。すなわち、前者が、「ソウスルコトガ可能ナ状態ニアル」とか「ソウシナケレバナラナイ事態ニアル」というような事態や属性についての客観的表現にあずかるものであるのに対して、後者は、言語主体の対象把握の仕方を表す主観的表現なのである。つまり、「べきなり」の「べき」は客観的表現にあずかるもので、dictum であり、「なるべし」の「べし」は主観的表現にあずかるもので、modus である。

これは、次に述べるような形態上の事実によっても、強く支持される。すなわち、「表1」のような「べきなり」という連接の場合には、さらに「む」「めり」〈終止なり〉など主観的表現である(b)グループの助動詞が添加することが多いのに対して、「表2」のような「なるべし」という形の場合には、(b)グループの助動詞が添加することが皆無であるという事実である。この点は次に取り上げる「けり」の場合も全く同様である。

三、「けり」について

次に「けり」についてであるが、源氏物語における「けり」と〈連体なり〉との相互承接の関係は、「表3」「表4」「表5」のようになっている。

これら三つの表を見て、最初に気づくことは、「なりけり」(「表4」)の用例数が圧倒的に多く、「けるなり」(「表3」)の用例数が僅少であるということである。しかも、「表4」には「体言＋なりけり」や「助詞＋なりけり」の用例は入れていない。〈連体なり〉の調査であるから当然のことであるが、これらの用例を加算すれば、「なりけり」の例数はさらに著しく増大する。そうして、この傾向は、源氏物語に限って認められるものではなく、中古の他の文献資料においても同様である。広範な調査をしているわけではないが、たとえば、新川忠氏の

連接の形態	例数
けるなり	1
たりけるなり	1
けるならむ	1
けるなるべし	3
たりけるなるべし	1
にけるなるべし	1
けるなンめり	4
にけるなンめり	2
りけるなンめり	1
てけるなンめり	1
けるなンなり	1

〔表3〕「けり」＋「なり」

連接の形態	例数
用言＋なりけり	81
せたまふなりけり	3
させたまふなりけり	1
たるなりけり	6
つるなりけり	1
しなりけり	2
べきなりけり	2
まじきなりけり	1
るなりけり	11
るるなりけり	2
ぬなりけり	12
せぬなりけり	1
せ奉りたまはぬなりけり	1
（こそ…）用言＋なりけれ	1
用言＋なりければ	1

〔表4〕「なり」＋「けり」

連接の形態	例数
けるなりけり	1
りけるなりけり	1
れけるなりけり	1
させたまへりけるなりけり	1

〔表5〕「けり」＋「なり」＋「けり」

	「なりけり」の例数(A)	「けり」の全例数(B)	$\frac{(A)}{(B)}\times100$
古今	69	216	32
後撰	106	302	37
拾遺	82	303	28
後拾遺	88	286	31
金葉	47	161	29
詞花	23	100	23
千載	89	271	33
合計	504	1639	31

〔表6〕

調査によれば、古今和歌集から千載和歌集にいたるまでの七つの勅撰和歌集における「なりけり」の用例数、およびその「けり」全用例に対する比率は、「表6」のようであり、「なりけり」の割合がきわめて高いことが知られる。[14]

このように、「けり」は〈連体なり〉に対して上接も下接もするが、下接する場合が圧倒的に多いという事実は、「けり」と語義的意味が近似している（といわれる）「き」が「しなり」という形で〈連体なり〉に上接することしかないという事実と対蹠的であり、「けり」と「き」との文法的意味や語義的意味の相違を解明する重要な決め手になることが予想される。

それはともかく、「表3」と「表4」とを比べ見て注目されるのは、「なりけり」（「表4」）の場合には、そこで言い切りになる例がほとんどであるのに対して、[15]「けるなり」（「表3」）の場合には、〈連体なり〉の下に、さらに「む」「べし」「めり」〈終止なり〉などの(b)グループの助動詞が添加している例があることである。これは、前述の「べし」の場合と全く同様な連接上の特徴であるが、この事実は、「けるなり」のように〈連体なり〉に上接した場合の「ける」は、客観的表現、dictum であるから、主観的表現、modus の助動詞を添加することがあるのに対して、「なりけり」のように〈連体なり〉に下接した場合の「けり」は modus なので、この場合には、modus である(b)グループの助動詞がさらに添加することはないという理由によるものであろう。

(b)グループの助動詞が重ね用いられることのないこと、およびその理由については、すでに述べた。

「けり」は、多く「なりけり」という形で、初めてそれと気づいたという気持ちを表すときに用いられる（と説かれる）が、「初めてそれと気づいたという気持ち」を表すなどというのは、まさに主観的表現であり、それが〈連体なり〉に下接する場合に多いことも、この際、改めて注目される。

「表5」は、「けるなりけり」という連接についての表である。源氏物語ではわずか四例であるが、これらについては、上接している「ける」は dictum であり、下接している「けり」は modus であると考えて、はじめて「けり」の重複している理由を説明することができる。これら「けり」が重複している用例は、「けり」が、場合に応じて、dictum になったり、modus になったりするという二面性をもつ助動詞であることを端的に示す貴重な存在である。

さらに、続いて「ず」「まじ」についても具体的な検討をする必要があるが、全く同様な手順によって全く同様な結論が導かれることが容易に予想されるので、省略に従うことにする。

四、(c)グループの助動詞の特性

以上を要するに、(c)グループの助動詞は、〈連体なり〉に上接するときには客観的表現にあずかるものであり、〈連体なり〉に下接するときには主観的表現にあずかるものであるということになる。しかし、この結論には問題がないわけではない。すなわち、〈連体なり〉に上接するときの活用形は連体形であり、〈連体なり〉に下接するときにはほとんどが終止形であった。したがって、客観的表現と主観的表現との相違は、連体形と終止形との相違に対応するのではないかという疑問である。金田一氏の不変化助動詞の考え方もこれに近い。

しかし、係助詞「ぞ」「なむ」「や」「か」などの結びとしての連体形が客観的表現でない場合のあることは明確な具体例によって言えるし、「べきならねば」「べきならねど」（「表1」）などの「ね」も、主観的表現の助動詞に許される已然形であって、主観的表現と見なすことが不可能ではない。

金田一氏は、現代語の助動詞「う」「よう」「まい」「だろう」などについて、その連体形は客観的表現にあずかるものだとして、主観的表現にあずかる終止形と区別しているが、現代語の助動詞においても、中古の助動詞においても、連体句や準体句の末尾に位置する連体形も主観的表現にあずかることがある。そして、〈連体なり〉（現代語では「のだ」）に上接する場合だけが客観的表現になるのである。

この(c)グループの助動詞については、どういう場合に客観的表現になり、どういう場合に主観的表現になるのか、各活用形について、あるいは他の用言や助動詞との相互承接の場合について、さらに具体例に即して検討してみる必要がある。たとえば、「べし」の連用形「べく」は常に客観的表現にあずかるもののようである。

ただ、しかし、(c)グループの助動詞が、ある場合には(a)グループの助動詞のように客観的表現にあずかり、ある場合には(b)グループの助動詞のように主観的表現にあずかるという、二面性をもつ助動詞であることは確実である。そして、それが、(a)グループの助動詞とも、(b)グループの助動詞とも区別される、(c)グループの助動詞の特性である。

第七節　おわりに

本章の考察によって明らかになったことは以下の通りである。

助動詞と呼ばれる語の集合は、〈連体なり〉に対して、(a)常に上接するか、(b)常に下接するか、(c)場合によって上接したり、下接したりするか、という基準によって、三つのグループに分類することができる。それらを、それぞれ、(a)グループの助動詞、(b)グループの助動詞、(c)グループの助動詞と呼ぶと、

① (a)グループの助動詞は、まず、それが接続している用言または用言と助動詞の複合体と関係して文の構成要素を形成し、用言の語義的意味を補足する客観的表現にあずかるもの（dictum）である。

② (b)グループの助動詞は、そこで終止することのできる文相当の単位と関係してその文に統一性を与え、その文相当の単位の表現する事象、事態についての言語主体の把握、認識の仕方を表現する主観的表現にあずかるもの（modus）である。

③ (c)グループの助動詞は、ある場合には(a)グループの助動詞と同一の、そしてある場合には(b)グループの助動詞と同一の表現にあずかる、二面性を有するものである。

と総括することができる。

これら三つのグループの助動詞については、それぞれにふさわしい呼称を与えるべきかもしれない。しかし、一括して助動詞と呼ばれている集合体の内部の構成が明らかになれば、一応、本章の目的は達せられたのであるし、他に関連して考えなければならないこともあるので、ここでは呼称の付与はしないでおく。

なお、分類の基準とした〈連体なり〉自体は、(a)グループにも、(b)グループにも、そして(c)グループにも所属しない特異な存在である。本文中にも述べたところがあるが、〈連体なり〉は、実は形式動詞とすべきものである。

第八章

〈連体なり〉の連体修飾法欠如

〈連体なり〉が〈終止なり〉とは別物であることは、多くの文法書にも説かれている。しかし、〈連体なり〉と〈体言なり〉の違いについて説明している文法書はほとんどない。接続の仕方に、活用語の連体形に下接するか体言に下接するかという違いがあるだけで、断定を表すという語義的意味には違いがないという理由によるようである。

しかし、詳しく見ると、〈連体なり〉と〈体言なり〉との間にもいろいろな違いがある。たとえば、〈体言なり〉には、

(1) 係助詞「ぞ」「なむ」「こそ」などの結びとして連体形あるいは已然形で結ぶ用法。

・女の御さまも、げにぞめでたき御盛りなる。(源氏・賢木)

・身こそかくしめの外なれ。(源氏・絵合)

(2) 助動詞「き」を下接させる用法。

・あやしうおぼえぬさまなりし御ことなれば、(源氏・夕顔)

などの用法があるが、〈連体なり〉にはこれらの用法はない。

そして、本章で取り上げる、〈連体なり〉の連体修飾法の欠如もその一つで、〈体言なり〉には、

(3) 連体形による連体修飾法の用法。

・壺なる御薬奉れ。(竹取・かぐや姫の昇天)

・姉なる人のよすがに、(源氏・帚木)

などがあるが、〈連体なり〉にはこの用法がないのである。

〈体言なり〉には存在する(3)の用法が、〈連体なり〉にはなぜ存在しないのか。逆に言えば、〈連体なり〉には

存在しない(3)の用法が、〈体言なり〉にはなぜ存在するのか。ともかく、〈連体なり〉には、連体句を作って連体修飾をする用法は認められないのである。

・世には、心得ぬことの多きなり。（徒然・一七五）

という実例によって考えてみよう。この文は、

・世に　心得ぬこと　多し。

をもとに作られた、「〜は　〜なり」構文である。

・心得ぬことは、世に多きなり。

という「〜は　〜なり」構文を作ることもできる。〈連体なり〉の語義的意味は、断定とか指定を表すことであると言われている。しかし、こういう構文を作るものであることを踏まえていえば、あるものについて、これこれなのだ、と説明する意味を表すものであるということになる。徒然草の例でいえば、

・世の中のことについていえば、得心の行かないことが多いのだ。

というような意味である。「世に」を取り上げて主題（題目）として、それについて、「心得ぬことの多き」と説明している構文である。これを形式化して、

・Sは、Pなり。

と表すことができる。〈連体なり〉は、現代語では、「のだ」「のである」がほぼ相当すると考えていい。

そこで問題は、

・心得ぬことの多き　世

・世に多き　心得ぬこと

のような表現は普通に存在するが、

・心得ぬことの多きなる　世

・世に多きなる　心得ぬこと

のように〈連体なり〉の添加した表現は認めることができない、それはどうしてなのか、ということである。現代語においても、

・得心の行かないことが多いのである　この世の中

という表現は自然ではない。変である。

その理由は、やはり、〈連体なり〉や「のだ」が主題について説明するという文法的意味をもつものだからである。前に述べたことの繰り返しになるが、〈連体なり〉の表す意味は、主題について説明することなのである。「Sは、Pなのだ」、と説明する表現である。「S」に相当する部分の表現がなく、「Pなり」だけの表現であっても、説明であることに変わりはない。

言葉を替えていえば、「主題＝説明」というのは、

［　　　　］

という表現に、

［S］は［P］なり

のように枠をはめるものであり、〈連体なり〉（および「は」）は、［　］の中の表現とはレベルを異にするものである。そして、連体修飾＝被修飾の関係は［　］の中のレベルにおいて行われるものである。つまり、〈連体な

り〉が下接した単位は、連体修飾＝被修飾の関係を含む（もちろん含まなくてもいいが）説明の単位となり、もはや連体修飾法には立てないということである。

〈連体なり〉は主体的表現だから連体修飾法に立てないのだという考えは誤りである。主体的表現の助動詞「む」「らむ」〈終止なり〉などにも、

・いとあやしき子なり。生ひ出でむやうを見む。（宇津保・俊蔭）

・鸚鵡、いとあはれなり。人のいふらむことをまねぶらむよ」（枕草子・鳥は）

・男もすなる日記といふものを、女もしてみむとてするなり。（土左・発端）

などのように、連体修飾法に立つ用法はあるし、そもそも、上来述べてきているように、〈連体なり〉は主体的表現の助動詞ではない。〈連体なり〉は形式動詞である。

さて、それでは〈体言なり〉はどうして連体法に立つことができるのか。〈体言なり〉には大きく分けて、二つのものがある。その一つは、「壺なる御薬」の「なる」のように存在を表すものである。現代語では「にある」が相当するだろう。この「なり」は「に＋あり」と分解されることもあり、動詞の「在り」が、

・旅なれば思ひ絶えてもありつれど家にある妹し思ひがなしも（万葉・一五・三六八六）

のように、連体修飾法に立てることと同様に考えていいだろう。

もう一つは、

・まづ物語の出来はじめの親なる竹取の翁に、うつぼの俊蔭を合せてあらそふ。（源氏・絵合）

のように、いわゆる断定を表すものである。現代語では「である」が相当するだろう。〈連体なり〉の場合にも、前述のように、現代語では「である」が相当するが、〈体言なり〉が〈連体なり〉と決定的に異なるのは、〈体言

なり〉は関係構成の働きをもたない体言に添加して用言相当の単位にするものであるということである。その点で、〈体言なり〉は形容動詞の活用語尾の「なり」と近似している。形容動詞には、冒頭にあげた(1)から(3)までの用法があるが、「体言＋〈体言なり〉」も用言相当であるから、これら三つの用法が全てあってもいいことになる。

ただ、形容動詞の連体修飾法が用法が広く、用例も多いのに対して、〈体言なり〉の連体修飾法は用例も少なく、非制限的用法が多いようである。それは、体言が体言を修飾限定することは少なく、

Aなる　B　（AもBも体言）

の「Aなる」は、「B」を修飾限定（制限）するよりも、「B」について説明するものになっている場合が多いことによるのだろう。

第九章

〈終止なり〉〈連体なり〉の変容

——平家物語の場合——

第一節　はじめに

源氏物語をはじめとする中古の文献資料においては、〈終止なり〉と〈連体なり〉との接続関係、文法的意味などの違いは截然としていた。それについては、第二章第六節などに整理して述べたので繰り返さない。

しかし、そうした截然たる区別が後の時代にも守り続けられるものとは限らない。時代とともに、文法、語法は変化していくものである。源氏物語よりも少し時代の下った平家物語では、実態はどのようになっているか。本章では、〈終止なり〉〈連体なり〉の変容の一端を見るために、平家物語の実態について考察する。なお、調査の対象には日本古典文学大系本（岩波書店刊）を選んだが、この本が一部分取り合わせであることについては、問題にしないことにする。

第二節　未然形「なら」について

さて、活用形別に見ていくことにするが、未然形「なら」は全部で二一例認められる。その内訳を見ると、(1)

1　粟津まで送り参らせ、さても有るべきならねば、それよりいとま申して帰られけるに、（上・一四四・8）

2　さても有るべきならねば、大宮をのぼりに、北山の辺雲林院へぞおはしける。（上・一六二・13）

3　ややありて、さても有るべきならねば、少将袖を顔にあてて、泣く泣く罷り出でられけり。（上・一六四・11）

のような「さても有るべきならねば」が一三例、これと少し形の変わった、

4　摂政殿さてもわたらせ給ふべきならねば、（上・一二〇・10）

の一例を加えると、実に、全二一例中一四例が、「さても……べきならねば」という固定した表現として用いられている。しかも、この一四例はすべて地の文の中のものである。

平家物語の中には、たとえば、

5　関の東へおもむかれけん心のうち、推し量られてあはれなり。（上・一四四・4）

の「推し量られてあはれなり」のような慣用句的な表現があるが、この「さても有るべきならねば」も平家物語の語りを展開する重要な接続語的表現の一つであるということができる。なお、

6　さればとて、南都をも捨てはてさせ給ふべきならねば、（上・三八七・9）

も、これに準じて考えることのできる例である。それはともかく、

7　前後不覚におぼえけれども、さてしもあるべきことならねば、泣く泣く頸をぞかいて（ン）げる。（下・二二一・6）

8　名残はつきせず思へども、さてしもあるべきことならねば、（下・二三二・16）

9　いかにしてかやうの大礼も行はるべきなれども、さてしもあるべきことならねば、かたのごとくぞ遂げられける。（下・二九七・10）

10　さてしもあるべきことならねば、めのとの女房いだきと（ッ）て、御車に乗せ奉り、（下・三五九・13）

などのように、「さても」ではなく「さてしも」となると、「べきことならねば」のように「べき」と「なら」の間に「こと」が介入する。これは、活用語の連体形に直接下接するよりも、形式体言「こと」によって総括され

たものに下接する方がより安定するからであろう。「さても」の場合にも、

11 さてもあるべきことならねば、祇王すでに、今はかうとて出でけるが、（上・九八・16）

のように「こと」が介入している例があるけれども、とにかく、「ならねば」が活用語の連体形に直接下接するのは、「さても……べきならねば」という固定的な表現においてだけになっている。

さて、全二一例のうちの他の六例というのは、

12 かくてこの世にあるならば、またうきめをも見むずらん。（上・一〇二・13）

13 御産平安にあるならば、八幡・平野・大原野などへ行啓なるべしと、（上・二一七・11）

14 相かまへて思し召し立つならば、千尋の底までも引きこそ具せさせ給はめ。（下・二三一・7）

など、「ならば」という例である。この六例も、「あるならば」三例、「思し召し立つならば」二例、「思ひ立つならば」一例というように、上接語が偏しているが、例数が少ないので、特別の理由を指摘することはできない。

この六例は、13が心中語の中のものである他は、すべて会話文中に用いられたものである。源氏物語には、〈連体なり〉が「ならば」の形をとった例数はきわめて少ない。このように、前の時代には用例数が少なかったこと、平家物語では会話文中の用例が多いこと、の二点から考えると、この「ならば」は比較的新しい語法のように思われる。もっとも、「ならば」には、

15 それに情をかけずして、命を失ふものならば、（上・一〇四・13）

16 この事しおほせつるものならば、国をも庄をも所望によるべし。（上・一二五・8）

17 もしこの事もれぬるものならば、行綱まづ失はれなんず。（上・一五一・3）

18 もし思し召し立たせ給ひて、令旨をくださせ給ふものならば、（上・二七九・14）

などのように、「もの」で総括したものや、

19 罪障かろみぬべきことならば、従ふべし。（下・二六四・11）

のように、「こと」で総括したもの（ただし、これは一例のみ）に下接したものが多く、この表現の方がすわりがよかったのだろう。

以上が、未然形「なら」の全てである。以上の例に明らかなように、平家物語においては、「なら」は〈連体なり〉の未然形しかないが、平家物語の「なら」は、源氏物語などにおける「なら」と比較すると、きわめて用法が固定している。すなわち、源氏物語の「なら」は、助動詞や助詞との相互承接を例にとっても、

ける				ず
たる				なくに
ぬる	＋	なら	＋	じ
つる				ば
し				で
べき				

のように、種々の助動詞に下接し、種々の助動詞や助詞に上接して、多様な相互承接を見せるが、平家物語においては、

べき＋なら＋ね＋ば

動詞＋なら＋ば

の二つの型に固定してしまっている。ただし、前者は前の時代からある固定した表現、衰退しつつある表現であ

り、後者は新生の、発達しつつある表現であって、対蹠的な性格を有するものである。

第三節　連用形「なり」について

連用形「なり」の用例は、次の一例のみである。

岩根ふみ誰かはとはむならの葉のそよぐは鹿のわたるなりけり（下・四二八・10）

源氏物語などには、

なり＋けり
なり＋けむ
なり＋き
なり＋つ

などの例があり、特に「なりけり」の例数はきわめて多かったが、これと比較すると、連用形の衰退が用法・用例数ともに顕著であることが知られる。しかも右掲の孤例は、歌の中に用いられたもので、前の時代からの用法に従った語法であるという解釈も可能である。中古においては、「なりけり」の「なり」は〈連体なり〉であったが、右掲の例も「の―なり」構文であり、〈連体なり〉で断定の意を表しているものと見ていい。

第四節　終止形「なり」について

終止形は、『平家物語総索引』によれば、都合九二例が認められる。『総索引』では、伝聞・推定の「なり」三八例、指定の「なり」五四例と分類しているが、その判別の基準は不明であり、推察するに、前後の文脈からそのような意味に解釈したというくらいのものであるらしい。たとえば、

1 御辺は東八ケ国をうちしたがへて、東海道より攻めのぼり、平家を追ひ落とさんとし給ふなり。（下・六一・6）

2 きはめてをこがましけれども、御辺は人の子どもの中には勝れて見え給ふなり。（上・二四六・15）

の前者を伝聞・推定とし、後者を指定としている。しかし、両者は、「御辺は……給ふなり」という同じ表現である。また、

3 琴を調べし跡には雲たなびいて、物あはれなる心を、橘相公の賦に作れるなり。（上・四二二・10）

4 「行《ゆ》いて力を合はすべし」と明王の勅によ（ッ）て来たれるなり。（上・三五五・13）

の前者を伝聞・推定とし、後者を指定としている。しかし、この両者は、完了の助動詞「り」の連体形「る」に下接していて共通しており、別の意味にならなければならない理由はない。『総索引』は、また、

5 そもそも我が朝に白拍子の始まりける事は、昔鳥羽院の御宇に、島の千歳、和歌の舞《まひ》とて、これら二人が舞ひ出だしたりけるなり。（上・九五・2）

6 酒を飲みけるが、初めはかかる折節に音なせそとて飲む程に、次第に飲み酔ひて、かやうに舞ひ踊りけるなり。（上・四一一・11）

7 まめやかに事の急になりしかば、御命を惜しませ給ひけるなり。（上・一三三・10）

8 かはらけの火にこむぎのわら輝いて、銀の針のやうには見えけるなり。（上・四一八・3）

の前二者を伝聞・推定とし、後二者を指定としている。しかし、中古の語法では、「けり」に下接する「なり」は〈連体なり〉であって、決して伝聞・推定の意にはならなかったのである。『総索引』は、また、

9　凡そこれにも限るまじかむ（ン）なり。（上・二五九・15）

10　ただし直垂と鎧をつねに着替ふなれば、き（ッ）と見分けがたかんなり。（下・三三〇・6）

の前者を伝聞・推定とし、後者を指定としている。しかし、中古の語法からすれば、カリ活用およびカリ活用型活用の撥音便形に下接した「なり」は〈終止なり〉であって、決して断定（指定）の意にはならなかったのである。

終止形「なり」の全用例九二例の一つ一つについて、それが伝聞・推定の意を表すものであるか、断定の意を表すものであるかを慎重に吟味検討することも重要であるが、具体的には微妙な例が多くて、判定に迷い苦しむ場合が多いので、ここでは、そういう方法はとらない。活用語に下接している「なり」の終止形に、伝聞・推定の意を表すものと断定の意を表すものとの二種があるかどうかを調べるためには、中古において明確に区別されていたものが、ここでも区別されているかどうかを検討してみるのが、最も効率的な方法であろう。

そこで、まず、中古においては、「けるなり」の「なり」、つまり〈連体なり〉は、断定の意を表すものだけで、伝聞・推定の意を表すものはなかったのであるが、平家物語には、伝聞・推定の意を表す場合もあるのかどうかということを問題としたい。

前掲の用例5は、

我が朝に……始まりける事　は　昔……舞ひ出だしたりける　なり

という典型的な「は―なり」構文で、この「なり」は断定の意を表しているものであると判定してまず問題はない。また、用例6も、「笑ふ声について尋ね行《ゆ》いて見れば」、備前前司基宗という男が知人二、三十人と酒を飲んでいたが、

……次第に飲み酔ひて、かやうに舞ひ踊りける　なり

という構文で、この「なり」も紛れもなく断定の意を表しているものである。つまり、『総索引』の分類に問題があるのであって、「けるなり」の「なり」は、平家物語においても、断定の意を表していると見ていい。

さて、次に、源氏物語など中古の文献資料では、「なり」が形容詞や助動詞「べし」「まじ」など形容詞型の活用語に下接する場合、本活用（型活用）の連体形に下接するものと、カリ活用（型活用）の撥音便形に下接するものとがあり、前者は〈連体なり〉、つまり、断定の意を表すもの、後者は〈終止なり〉、つまり、伝聞・推定の意を表すものという、截然とした区別があった。平家物語においても、

11　奉加少しきなり。誰か助成せざらん。（上・三五八・6）

12　慈心房尊恵、来る廿六日閻魔羅城大極殿にして、十万人の持経者をも（ッ）て、十万部の法花経を転読せらるべきなり。（上・四一三・9）

13　我はこれ人の姿にはあらず。汝姿を見ては肝たましひも身に添ふまじきなり。（下・一三〇・15）

14　来る廿一日、主上御元服のさだめの為に、殿下御出あるべかむなり。いづくにても待ち受け奉り、前駆御随身どもがもとどり切（ッ）て、資盛が恥すすげ。（上・一一八・16）

15　去年讃岐院の御追号、宇治の悪左府の贈官有りしかども、世間はなほ静かならず。凡そこれにも限るま

じかむ（ン）なり。（上・二五九・15、用例9の再掲）

のように二様の接続が認められる。用例文をやや長く引用することによって、具体的な理由づけは省略するが、前三者（用例11・12・13）が断定の意を表すものであり、後二者（用例14・15）が伝聞あるいは推定の意を表すものであることは、比較的容易に認められるだろう。つまり、平家物語においても、形容詞や「べし」「まじ」などの本活用（型活用）の連体形に下接した「なり」は断定の意を表し、カリ活用（型活用）の撥音便形に下接した「なり」は伝聞・推定の意を表すという、中古以来の区別は守られているのである。

前掲10の例は、これをもう少し長く引用すれば、

10 同じくは大将軍の源九郎に組ん給へ。九郎は色白う背《せい》小さきが、向歯のことにさし出でてしるかんなるぞ。ただし直垂と鎧をつねに着替ふなれば、き（ッ）と見分けがたかんなり。

という越中次郎兵衛の言葉なのであるが、日本古典文学大系本では、「しるかんなるぞ」「着替ふなれば」に、それぞれ「はっきり分るそうだぞ。『なる』は伝聞の助動詞。」「着替えるそうだから。『なれ』は前項に同じ。」という注解を付しながら、「見分けがたかんなり」については、「すぐには見分けにくいのだ。」と注をしている。「き（ッ）と」という副詞の存在に惑わされたのであろうが、ここは、「すぐには見分けにくいそうだ。」と解釈して何の不都合もないし、前の二つの「なり」との整合性からも、そう解釈すべきところである。ちなみに、日本古典文学全集本（小学館）では、伝聞のように通釈している。

個々の用例について、それが伝聞・推定の意を表しているものであるか、断定の意を表しているものであるかを判別することは容易でない場合が多いが、総じて、平家物語においても、活用語に下接する「なり」の終止形には、〈終止なり〉と〈連体なり〉の二種があり、両者は明確に区別されていたということができる。

第五節　連体形「なる」について

連体形「なる」は全部で二七例数えられる。この二七例がどんな語に下接しているかを調べてみると、その内訳は次のようである。

四段活用の動詞・補助動詞＋なる	16
きゆ＋なる	1
あん＋なる	4
たん＋なる	1
しるかん＋なる	1
すみよかん＋なる	1
べかん＋なる	2
ん＋なる	1

最初の四段活用の動詞・補助動詞に下接した一六例は、四段活用では終止形と連体形とが同じ形であるから、そのいずれとも判別できないし、最後の推量の助動詞「ん」に下接した一例は、「ん」が終止形であるか連体形であるか判定できないということ以前に、「ん」に「なり」が下接していること自体が問題にされなければならない。なぜならば、中古には、〈連体なり〉も〈終止なり〉も、「ん」に下接することはなかったからである。しかし、これらを除いた一〇例は、明確に終止形と言えるもの（二行目の「消ゆ」）とラ変活用（型活用）・カリ活

用（型活用）の撥音便形に下接しているものであって、これらの「なり」は、中古の基準に従えば、〈終止なり〉であると判定される。

今、「ん」に下接している例は別として、終止形あるいは終止形相当の活用形に下接している例と、終止形か連体形か判定不可能な形（終止形と連体形が同形）に下接している例とがあった場合に、後者も実は終止形に下接しているのだと推断することは、推論として誤っていないだろう。「あんなる」「たんなる」の「あん」「たん」が終止形相当であるのか連体形相当であるのかは、特に平家物語などにおいては、判定が難しいが[2]、「しるかんなる」「住みよかんなる」「べかんなる」などの場合には、「しるきなる」「住みよきなる」「べきなる」という接続も理論上は一応可能なはずである。それが、一方的にカリ活用（型活用）の撥音便形だけに下接していることは、やはり重視しなければならない。連体形「なる」は、活用語の終止形のみに下接して、連体形には下接しない（ただし、「なるべし」「なるらむ」などの「なる」は別）という中古の語法は、ここでも生きていると認めていい。

それでは、平家物語の「なる」は、源氏物語など中古の「なる」と、どの点で同じく、どの点で異なるのか。同じ連体形にもいろいろな用法がある。そこで、その用法を知るために、「なる」に下接している語について調べてみる。その結果は次のようである。

◎なる＋体言　10
　なる＋に（接続助詞）、　5
　なる＋が（接続助詞）、　2
◎なる＋こそ、　1

なる＋も、　1
◎なる＋もの＋を。　2
なる。　1
（か）……なる。　2
（いかなる子細あれば）……なる＋ぞ。　1
なる＋は（終助詞）。　1
なる＋ぞ（終助詞）。　1

◎印を冠したものは、源氏物語にも用例が認められたものである。「なるが」は源氏物語には用例が認められないが、これは源氏物語のころにはまだ接続助詞の「が」が十分に発達していなかったからで、接続助詞「に」の下接した例はあるのだから、「が」が下接することには特に問題はないだろう。「なるも」も、中古から「なるこそ」が用いられているのだから、特に問題にはならないだろう。

最初にあげた「なる＋体言」の「なる」、つまり、連体修飾法の「なる」は、中古では、〈終止なり〉の連体形に限られていたが、平家物語でも、重要な例外一例を除いて、伝聞・推定の意に解釈されるもののみである。

1　大納言拍子と（ッ）て、「信濃にあんなる木曽路河」といふ今様を、これは見給ひたりしあひだ、「信濃にありし木曽路河」とうたはれけるぞ、時にと（ッ）ての高名なる。（上・四二七・11）

この用例は、「信濃にあんなる木曽路河」という今様の歌詞を、大納言は正しく見て来たことだから、「信濃にありし木曽路河」と歌った、これは時にとっての高名だと述べているところである。「あんなる」では自分が見たという意味にはならない。そこで過去の「し」に替えて歌ったというのである。この例は、佐伯梅友氏が、

〈終止なり〉は伝聞・推定の意を表すという松尾捨治郎氏の説を支持して示した好例である。(3) 当時は〈終止なり〉は詠嘆の意を表すとする説が一般的で、松尾説は学界にあまり注目されていなかった。それを、佐伯氏がこの好例を示すことによって支持し、不動の説にしたのだった。

2 年頃頼み奉る弥陀の本願を強く信じて、隙なく名号をとなへ奉るべし。声を尋ねて迎へ給ふなる聖主の来迎にてましませば、などかいんぜうなかるべき。（上・一〇四・14）

3 これより大納言殿の御渡りあむ《（ン）》なる備前の有木の別所へは、いか程の道ぞ。（上・一八四・16）

4 小松殿の君達は、今度の合戦には、播磨と丹波の境で候ふなる三草の山を固めさせ給ひて候ひけるが、（下・二三九・9）

5 日ごろは音にも聞きつらん、今は目にも見給へ。これこそ京わらんべの呼ぶなる上総の悪七兵衛景清よ。（下・三二一・5）

なども、全て伝聞もしくは推定の意に解釈されるものである。中でも最後の用例5では、「日ごろは音にも聞きつらん」が生きている。「信濃にあんなる」ほどではないにしても、好例である。

ここまでは、まず問題がない。しかし、先に重要な例外一例と述べておいた、その一例、

6 かやうの事を心中に残せば、罪深からんなる間《あひだ》、懺悔するなり。（下・二八一・15）

には注目しなければならない。これは、形容詞「深し」の未然形「ふかから」に推量の助動詞「ん」が下接した「ふかからん」に「なる」が下接しているものであるが、このような相互承接は中古には認められなかった。つまり、推量の助動詞は、〈連体なり〉にも〈終止なり〉にも上接することはなかったのである（〈連体なり〉に下接することはあった。「ならむ」）。まず、この点の変容をしっかりと認めておかなければならない。平家物語に

なると、已然形「なれ」には、

7 今は程なき浮世に、心を費しても何かはせんなれば、いかでも有りなんとこそ思ひな（ッ）て候へ。（上・二五三・15）

8 この盃をば、まづ少将にこそ取らせたけれど、親より先にはよも飲み給はじなれば、重盛まづ取りあげて、少将にささん。（上・二四七・2）

などのように、推量の助動詞に下接する例が認められるけれども、これらは後述するように、〈連体なり〉の已然形と見られるものである。しかるに、連体修飾法に立つ「なる」は、前述のように、平家物語においても、〈終止なり〉の連体形と見なすべきものであった。用例6の「罪深からんなる間」について、日本古典文学大系本は「深いとか聞いているので。『なり』は伝聞推定の意。」と注し、日本古典文学全集本も「罪深いだろうと聞いているので。『なる』は伝聞推定の助動詞。」と注解をしているけれども、これらはどうも前後の文脈の関係からそのように解釈したものであるらしい。しかし、現代語に即して考えてみても明らかなように、推量の助動詞が二つ重なることはない。たとえば、「だろう＋そうだ」「う＋らしい」というような連接はない。ここで重要なことは、

罪深いだろうと聞いている。
罪深いだろうそうだ。

の二つは表現として厳しく区別されなければならないということである。「聞いている」は客体的表現であり、「そうだ」は主体的な表現である。「聞いている」の動作主体は誰でもいいが、「そうだ」の表す伝聞は表現主体に属するものである。「だろう」ももちろん主体的表現で、それの表す推量は表現主体のものである。一つの表

現においては、主体的表現としての伝聞や推量はただ一つなのであって、推量して伝聞したり、確かな推量であると同時に不確かな推量であるというようなことはありえない。こういうことから、この「ん」に下接した「なる」はどうしても伝聞・推定の「なり」の連体形とは考えられないことになる。

平家物語の「なる」には積極的に〈連体なり〉の連体形と見なされるものはなかったのであるが、この一例だけは、〈連体なり〉の連体形だと認めざるを得ないようである。推量の助動詞に下接する「なり」については、次節「已然形『なれ』について」でもう一度考えるが、この用例6の場合、あるいは、「間《あひだ》」がきわめて形式的な体言で、接続詞的な意味を有するところから、「なる間《あひだ》」が「なれば」とほぼ等価の意味になることも、こういう例外的語法を可能ならしめた要因の一つではないかと考えられる。

ところで、〈連体なり〉の連体形ではないかと疑われる「なる」が、実はもう一例ある。すなわち、

9 いかなる子細のあれば、義仲討たんとはの給ふなるぞ。御辺は東八ケ国をうちしたがへて、東海道より攻めのぼり、平家を追ひ落とさんとし給ふなり。（下・六一・5）

の「なる」である。この文について、日本古典文学大系本は、

「討たんとの給ふはいかなる子細のあればなるぞ」の意。

と注している。この構文解釈からすると、この「なる」は〈連体なり〉、つまり断定の「なり」の連体形であるということになる。しかし、実はこの構文解釈には重大な誤りがある。つまり、

いかなる子細のあれば、義仲討たんとの給ふぞ。

のように「なる」「は」を除外した部分が、

義仲討たんとの給ふ　は　いかなる子細のあれば　なるぞ。

のような「は―なり」構文になるのであって、用例9は、もしこれを「は―なり」構文に変形するとすれば、

義仲討たんとはの給ふなる　は　いかなる子細のあれば　なるぞ。

となるはずである。つまり、この「なる」は〈連体なり〉の連体形かと一応疑われはしたが、結局のところ、〈終止なり〉の連体形と見なしていいものであって、問題はなかったのである。ちなみに、日本古典文学全集本は、「伝聞の助動詞。」と注している。

それにしても、この用例9は、「御辺は」とあるように、相手に向かって、「宣《のたま》ふなるぞ。」と質問をしているところである。面前の相手の動作・存在・状態などに対して〈終止なり〉、つまり伝聞・推定の「なり」を用いるのは、已然形にも、

10　汝は大正直の者であんなれば、五百両をば汝にたぶ。（上・二四九・4）

11　さればは汝は阿波の内侍にこそあんなれ。（下・四三二・7）

などの例があるが、新しい語法と思われ、意味・用法の変容を示すものである。

また、疑問・質問などの表現にこの〈終止なり〉を用いることも、中古にはなかったようである。平家物語に認められる、

12　何条、この御所ならではいづくへか渡らせ給ふべかんなる。（上・二八七・2）

13　何条、その御所ならではいづくへか渡らせ給ふべかんなる。（上・三二〇・7）

の二例はきわめて典型的で、二つ合わせて一例といった観があるが、「疑問詞＋か」を受けて連体形で結んでいるものである。しかも、この「なる」は「べかん」という終止形相当の活用形に下接していて、〈終止なり〉の

連体形であることは確実である。しかし、これらの「なる」は伝聞や推定の意に解釈することはできない。「む」とほとんど変わらないような、単純な推量の意に解釈するほかないようである。

以上、この節で考察したことを要約すると、連体形「なる」は、その多くが〈終止なり〉の連体形で伝聞・推定の意を表すものであるという点で、中古の語法を大筋において継承しているが、推量の助動詞の連体形に下接するもの、「疑問詞＋か」と呼応するものなど、はみ出した用例も認められ、語義的意味の面においても伝聞・推定というよりも推量の意に解釈すべきようなものがあり、かなり変容した面が認められるということである。

第六節　已然形「なれ」について

已然形の「なれ」は、全部で五一例数えられるが、その内訳は、

こそ……なれ。	20
なれ＋ば、	25
なれ＋ども	6

である。一見源氏物語など中古の文献資料の場合と異ならないようであるが、詳しく見るときわめて顕著な変容が認められる。

その一つは、係助詞「こそ」を受けて結ぶ「なれ」である。こういう「こそ―なれ。」の「なれ」は、中古には、〈終止なり〉、つまり伝聞・推定の「なり」に限られていた。平家物語にも、

1　その聖文覚房《ひじりもんがくばう》と申す人こそ、鎌倉殿にゆゆしき大事の人に思はれ参らせておはしますが、上臈の御子を

御弟子にせんとて欲しがらるなれ。（下・三九八・15）

のように、終止形であることが明らかな形に下接した例や、

2 何事のあるべきと思ひあなづ（ッ）て、平家の人共が、さやうのしれ事をいふにこそあんなれ。（上・二九二・10）

3 昨日今日まで我等が馬の草き（ッ）たる奴原が、すでに契りを変ずるにこそあんなれ。（下・一八六・12）

4 祇王こそ入道殿よりいとま給はつて出でたんなれ。（上・九九・9）

などのように、終止形相当である撥音便形に下接した例（「あんなれ」六例、「たんなれ」一例）があり、これらはいずれも伝聞・推定の意に解していいものである。

しかし、その他に、

5 昔、周の武王の船にこそ白魚は躍り入りたりけるなれ。これ吉事なり。（上・九〇・4）

6 ここをも（ッ）て、いにしへを思ふに、唐の太宗は魏徴《ぎてう》に後れて、悲しみのあまりに、「……」といふ碑の文を自ら書きて、廟に立てだにこそ悲しみ給ひけるなれ。（上・二五二・10）

7 昔、清見原の天皇のいまだ東宮の御時、賊徒に襲はれさせ給ひて、吉野山へ入らせ給ひけるにこそ、少女の姿をば借らせ給ひけるなれ。（上・二九〇・3）

8「どの勢の中へか入ると見つる。」「川原坂の勢の中へこそ懸け入らせ給ひ候ひつるなれ。（下・一五八・11）

などのように、連体形、しかも助動詞「けり」の連体形に下接した「なれ」がある。中古の語法に従えば、「こそ—なれ」の「なれ」は〈終止なり〉のはずである。しかるに、ここでは、「こそ—なれ」の「なれ」が明らか

に連体形に下接している。

これはどのように理解したらよいのであろうか。ちなみに、日本古典文学大系本も日本古典文学全集本も、これほど重要な箇所に全く説明を施していない。ただし、全集本には全訳があり、それぞれ、5「躍り込んだそうだ」、6「おかなしみになったという」、7「変装なさったそうだが」、8「駆け入られました」と訳されており、大系本には、7に「少女の姿に変装なさったのである」という注解が施されている。つまり、伝聞・推定の意と見るか断定の意と解するか、一貫していない。他書のことはともかく、これらは、どのように解釈したらよいものであるか。

中古においては、係助詞「こそ」の結びには〈終止なり〉しか用いられなかったが、それは何故か。逆に問うて、〈連体なり〉が「こそ」の結びに用いられなかったのは何故か。この問題について考えることは重要である。しかし、時代の下った平家物語などにおいては、係り結びは、形態こそまだほぼ完全に保たれているが、構文的意味はかなり変容していると思わせる節がある。[4] このいわば係りと結びとの関係の弛緩に乗じて、〈連体なり〉が「こそ」の結びに用いられるような用法も可能になったのであろうか。

しかし、見方を百八十度変えて、この已然形「なれ」を伝聞・推定の意と見ることも、可能なようである。用例5から8までの四例は、確かに連体形に下接しているが、そのいずれにも、断定の意に解さなければならないような構文上の根拠はないのであって、文脈からすれば、むしろ伝聞・推定の意と解した方が当たるようなものが多い。〈終止なり〉はもと音響に関係のある表現から成立したものと考えられ、現在のことがらについての推定や伝聞の意を表すものであったが、これが、「…た＝そうだ」というような、過去のことがらについての伝聞や推定の意にまで、その意味用法が拡大変容したものであると見れば、見られないこともない。その場合、「けり」は、ラ変型活用であるから、「けんなれ」となるべきではないかというような議論はおそらく当たらないだろう。そもそも〈終止なり〉は「けり」には下接しなかったのであり、「けん」と撥音便化すれば、以前から存在していた過去の推量の助動詞「けん」と同形になってしまう。そして、現に、平家物語には後掲15の用例のように、過去の推量の助動詞「けん」に「なれ」の下接した「けんなれ」も存在するのである。こういう場合、古くから存在した「けるなり」（この「なり」は本来の〈連体なり〉で断定の意を表すものだが）という接続によるのがむしろ普通であろう。そういうことで、この「こそ―けるなれ」の「なれ」は伝聞・推定の意とも断定の意とも簡単には決められないが、とにかく、このような「なれ」の用法の出現は、「なり」の大きな変容を示すものである。(5)

さて、次には、「なれば」「なれども」について考えてみたい。

9　ただし追つ立ての鬱使・令送使あんなれば、こと故なく取り得奉らん事ありがたし。（上・一四五・8）

10　汝は大正直の者であんなれば、五百両を汝にたぶ。（上・二四九・4）

11　この山は四方巌石であんなれば、搦め手よもまはらじ。（下・六八・12）

12　十郎蔵人殿の在所知つたんなれば、からむるなり。（下・四〇八・9）

など、終止形相当の撥音便形に下接した「なれば」は、伝聞・推定の意を表していると解釈されるが、

13　まことやらん、女はさやうの時（＝出産ノ時）、十に九つは必ず死ぬるなれば、恥がましき目を見て、空しうならんも心うし。（下・二二九・10）

14　山里は物のさびしきことこそあるなれども、世のうきよりは住みよかんなるものを。（下・四二七・6）

などの、連体形に下接した「なれば」「なれども」は、断定の意に解釈しにくい。日本古典文学大系本も日本古

典文学全集本も伝聞の意に解釈している。用例13について、全集本は、

「なれ」は連体形に続いているので、断定の助動詞となるはずであるが、文脈から考えれば伝聞の意に解したい。

と頭注をしているが、まさにその通りである。用例14の「あるなれども」は「あんなれども」との差異が微妙であるけれども、平家物語においては、「ある」という形に「なり」が下接した例が少ないのであり、大切に扱いたい。しかし、これも、すぐ続いて「住みよかんなるものを」と伝聞・推定の助動詞が出てき、これとの関係からも、伝聞・推定の意に解釈したくなる。もう一つ、

15 わが山荘鹿の谷に城郭をかまへて、事にふれて奇怪のふるまひどもがありけんなれば、俊寛をば思ひもよらず。（上・二二二・10）

はいかがであろうか。日本古典文学大系本は「けしからん行為があったということだから」、日本古典文学全集本は「けしからぬ行動などあったそうだから」と注し、『総索引』も伝聞・推定の意に分類しているが、この「なれ」は、過去の推量の助動詞に下接しているのであるから、「けしからぬ行為があったのだろう（のだ）から」の意で、断定の意と解釈すべきであろう。

さて、「なれば」「なれども」には、次にあげるような特筆すべき用法がある。

16 年ごろ日ごろ、重恩いかでか忘るべきなれば、老いたるも若きも後ろのみかへりみて、先へは進みもやらざりけり。（下・一一四・6）

17 すでにただ今を限りとは、都にはいかでか知るべきなれば、風の便りのことつても、今や今やとこそ待たんずらめ。（下・二八一・9）

18 その恩いかでか忘るべきなれば、子息たちもおろかに思はず。（下・二九一・9）

19 童は見忘れたれども、僧都は何とてか忘るべきなれば、「これこそ、そよ」と言ひもあへず、（上・二三四・11）

20 いまだいとけなき心に何事をか聞き分き給ふべきなれども、うちうなづき給へば、（上・一八四・2）

21 父子の御あひだには、何事の御隔てかあるべきなれども、思ひのほかの事どもありけり。（上・一〇八・5）

22 帝都をいで旅泊にただよふ上は、なんの頼みかあるべきなれども、一樹の陰にやどるも先世の契り浅からず。（下・一一四・13）

23 芙蓉の御かたちいまだ衰へさせ給はねども、翡翠の御かざしつけても何にかはせさせ給ふべきなれば、遂に御様を変へさせ給ふ。（下・四二四・16）

24 二人の娘どもに後れなん後、年老い衰へたる母、命生きても何にかはせむなれば、我もともに身を投げむと思ふなり。（上・一〇三・4）

25 今は程なき浮世に、心を費しても何かはせんなれば、いかでもありなんとこそ思ひな（ッ）て候へ。（上・二五三・15）

26 この盃をば、まづ少将にこそ取らせたけれども、親より先にはよも飲み給はじなれば、重盛まづ取り上げて、少将にささむ。（上・二四七・2）

27 にはかに落ちぬる事なれば、誰にもよも知らせじなれども、具して京へぞのぼりける。（下・四〇九・1）

28 いかにしてかやうの大礼も行はるべきなれども、さてしもあるべき事ならねば、かたのごとくぞ遂げら

れける。（下・二九七・10）

つまり、「疑問詞＋か……べき」「何（に）かはせん」「よも……じ」などに下接しているものである。日本古典文学大系本の上巻の解説には、「独立したセンテンスを従属的に主文章に結びつける機能をもつもの」と説明されているが、「なり」が、終止する文相当の単位に下接しているもので、こういう用法は中古にはなかったものである。

これらの「なれ」が、〈終止なり〉の已然形であるのか、〈連体なり〉の已然形であるのかがまず問題とされなければならないが、「べき」は明らかに連体形であるし、〈終止なり〉は、平家物語においても、推量の助動詞に下接するとは認められないから、これらの「なれ」は〈連体なり〉の已然形であると見なして、まず問題がないだろう。

〈連体なり〉は、本来、というよりも中古では、あることがらについてこれこれであると断定する意を表すのに用いられるものであった。たとえば、

29 先立たぬ悔いの八千度悲しきは　流るる水のかへりこぬなり（古今・哀傷・八三七）

は、「先立たぬ悔いの八千度悲しき」ということについて、それが「流るる水のかへりこぬ」ことだというのである。また、

30 君がさす御笠の山のもみぢ葉の色△　神無月時雨の雨の染めるなりけり（古今・雑体・一〇一〇、旋頭歌）

も、「は」がないが、「君がさす御笠の山のもみぢ葉の色」について、それが「神無月時雨の雨の染める」ものであったというのである。それぞれ、

［S］は［P］なり

［S］△［P］なりけり

のSについてPであると断定しているものである。この［　］の中にはことがらについての表現が入るのである。

は、

31　［吹く風の色のちぐさに見えつる］は｜［秋の木の葉の散れば］なり｜けり

32　［秋の木の葉の散れば、吹く風の色のちぐさに見えつる］

を、あることがらについてこれこれだと説明（断定）する表現に変えたものである。32は、また、

33　［吹く風の色］は｜［秋の木の葉の散ればちぐさに見えつる］なり｜けり

などと書き換えることもできる。〈連体なり〉は、このように、あることがらについてこれこれであると説明する意を表すものである。従って、「は—なり」構文がその代表的な構文となるわけである。

これを情報伝達の面から言えば、

34　［S］は［P］なり

は、「Sは何かである」ということを前提として、その何かがPであるということを伝達する表現である。つまり、〈連体なり〉は、Pという新しい情報を示すものである。この未知の情報を示すということが、〈連体なり〉における断定の内実である。こういう文法的意味を有する〈連体なり〉であるから、連体修飾法に立つこともで

きなかったのである。

〈連体なり〉によって示されるＰは情報である。従って、それは、真偽の判定が可能である表現、つまり客体的な表現でなければならない。ところが、平家物語においては、「疑問詞＋か……べき」「何（に）かはせん」「よも……じ」などに下接している。これらは、主体的表現である。

これは、〈連体なり〉におけるきわめて大きな変容であるが、このような変容はどうして許されるのであろうか。ここで見落としてならないことは、「なれば」も「なれども」も、文の言い切りではなく、接続成分を形成するものであるということである。

35　Ｓ　は　Ｐ　なり

という構文においては、Ｐが主体的表現であることはとうてい許されないが、

36　Ｐ　なれば（なれども）

においては、「Ｓ　は」が省略されている構文だと想定される場合があるにしても、表現に即する限り、35におけるような主題＝説明という二元性は認められないから、主体的表現であることが許されるのだろう。

第五節で取り上げた、用例６「罪深からんなる間」も、

37　Ｐ　なる間、

全体が接続成分になるところから、例外的に許されたものであろう。湯沢幸吉郎氏は、

「なれば」「なれど（も）」は、指定の助動詞「なり」に、接続助詞「ば」「ど（も）」が付いて各一語の接続

助詞となったもので、鎌倉時代になって用いられた(6)。と述べているが、平家物語の「なれば」「なれども」を接続助詞と見なすことには問題があるにしても、これらの「なれば」「なれども」は接続助詞的であるが故に、主体的表現に下接することが許されたと見るのは当たっているだろう。

第七節　おわりに

源氏物語にも平家物語にも「なり」は多数用いられている。しかし、そのことから、両文献では「なり」が同じように用いられていると見るのは巨視的に過ぎる。活用形によって消長の度合いは異なり、一つの活用形の中にあっても、用法によって変容はさまざまである。

已然形や連体形においては、断定の助動詞（形式動詞）は推量の助動詞にも下接するようになったし、已然形においては、伝聞・推定の助動詞は、過去の助動詞「けり」にも下接するようになった。ただ、そういう中にあって、連体修飾法に用いられた連体形は、一つの説明可能な例外を除いて、〈終止なり〉、つまり、伝聞・推定の助動詞であるということが検証された。そうして、第五節に取り上げた用例1「信濃にあんなる木曽路河」は、中古にも通用する伝聞・推定の好適例であることが改めて確認された。

［注］

第二章

（1）竹岡正夫「助動詞ナリの表わすもの―助動詞の意味の検討―」（『国語学』二十五輯）

（2）塚原鉄雄「構文的観点から把握した単語の意味機能」（『講座　解釈と文法4』所収）

（3）注（2）文献二八一ページ

（4）注（2）文献二九〇ページ

（5）塚原鉄雄「活用語に接続する助動詞『なり』の生態的研究―王朝仮名文学作品を資料として―」（『国語国文』第28巻第7号）

（6）注（2）文献二八六ページ

（7）大野晋「古典の助動詞と助詞」（『時代別作品別　解釈文法』所収）

（8）これについては第三章「〈終止なり〉の成立」、および第四章「複述語構文の検証―『らむ』『らし』の成立―」において述べる。

（9）田島光平「連体形承接の『なり』について―竹取物語を中心にして―」（『国語学』五十六集）

（10）小松登美「土佐日記の解釈と解法上の問題点」（『講座　解釈と文法4』所収）

（11）安井稔「構造言語学入門」（『現代英語教育講座・3・新言語学の解説』所収）

（12）小松登美「終止なり私見」（『未定稿』二号）

※本章の使用資料のうち、主なものは、次の本文によった。

○古今和歌集＝日本古典文学大系本　○竹取物語＝竹取物語総索引　○土左日記＝土左日記（宝文館）○蜻蛉日記＝かげろふ日記総索引　○枕草子＝日本古典文学大系本　○源氏物語＝源氏物語大成　○和泉式部日記＝和泉式部日記総索引　○紫式部日記＝岩波文庫本　○更級日記＝更級日記総索引

第三章

（1）遠藤嘉基「新講和泉式部物語（七）」（『国語国文』二四六号）

（2）松尾捨治郎『国文法論纂』三四〇ページ

（3）日本古典文学大系『万葉集一』三二五ページ補注

（4）塚原鉄雄「活用語に接続する助動詞『なり』の生態的研究—王朝仮名文学作品を資料として—」（『国語国文』二九九号）

（5）この「原形」という用語は後掲（注8）の文献によった。

（6）注（2）文献七四五ページ

（7）大野晋「指定・否定の助動詞」（『解釈と鑑賞』二十八巻七号）

（8）春日和男「いはゆる伝聞推定の助動詞『なり』の原形について」（『国語学』二十三輯）。

（9）鎌倉末・室町初期の成立。著者不明。「てにをは」の意味や機能などについて説き、文法的研究の先駆をなす語学書。

（10）「いやぜるの安是の小松に、木綿垂でて、我を振り見ゆも、安是子し舞はも」（風土記・歌謡七）の「振り」は、日本古典文学大系本の頭注に言うように、「振る」の東国方言だろう。
なお、「見ゆ」が、以下に述べるように主格語と呼応するということからすれば、「安是の小松に」は、「安是の子、松に」と読む方がいいことになる。「安是の子」が主格語になるわけである。

（11）例外がないわけではない。(a)の構文のものでは、
潜する海人《あま》は告るとも海神《わたつみ》の心し得ずは所見不云《みゆといはなくに》（万葉・七・一三〇三）
に主格語が見えない。この歌は「所見」を「見ゆ」と読むところにすでに問題があるが、それは別としても、連作のうちの一首であり、何が見えるのかは前の歌
海神の持てる白玉見まく欲《ほ》り千遍《ちたび》そ告《の》りし潜《かづき》する海人は（万葉・七・一三〇二）

で「白玉」であることが分かる。

また、(b)の構文のものでは、

海人少女《あまをとめ》求むらし沖つ波恐《かしこ》き海に船出《ふなで》せり見ゆ（万葉・六・一〇〇三）

御食《みけ》つ国志摩《しま》の海人《あま》ならし真熊野《まくまの》の小船《をぶね》に乗りて沖へ漕ぐ見ゆ（万葉・六・一〇三三）

の二首が主格語を持たない。この両歌は全く同一の構文だが、文法上の主格語がないだけで、表現の上に明確に主格語に相当する語句が示されている。

(12) 山田孝雄『奈良朝文法史』三五五ページ

(13) 注(12)文献六一一ページ

(14) 佐竹昭広「『見ゆ』の世界」（『国語国文』三六一号）

(15) 五味保義「万葉集詞句考―『見ゆ』の問題」（『国語国文』一〇〇号）

(16) 注(12)文献六一一ページ

(17) 東《ひむかし》の野に炎《かぎろひ》の立つ見えてかへり見すれば月傾《かたぶ》きぬ（万葉・一・四八）

は有名な歌だが、原表記は「東　野炎　立所見而　反見為者　月西渡」の漢字十四字。どう読んだらいいかいろいろ問題があるが、少なくとも、「東の野に炎△立つ見えて」のように「の」を取って読むべきである。他に、「の」の付いた例がないからである。

(18) 青木伶子「主語承接の『は』助詞について」（『国語と国文』三一の三）

(19) この事実については竹岡正夫氏がすでに指摘している。竹岡正夫「助動詞ナリの表わすもの」（『国語学』二十五輯）

(20) 注（4）文献

(21) 竹岡正夫「いわゆる伝聞推定の助動詞ナリの本義」（『国語国文』二五一号）

(22) 注（1）文献

(23) 田島光平「『なり』の表記の意味するもの―万葉集について―」（『万葉』第五十三号）

(24) 注(8)文献

第四章

(1) 山田孝雄『奈良朝文法史』二一七ページ
(2) 佐伯梅友『奈良時代の国語』一七一ページ
(3) 浜田敦「助動詞」(『万葉集大成・6・言語篇』)
(4) 福島邦道「べしの研究」(『国文学』四の二)
(5) 松尾捨治郎『助動詞の研究』一五一ページ
(6) 注(5)文献一五二ページ
(7) 注(5)文献一五二ページ
(8) 浅見徹「祝詞と宣命における助詞の用法」(『国語国文』二五の一一)
(9) 注(5)文献一五五ページ
(10) 注(5)文献一五五ページ
(11) 注(5)文献七一ページ
(12) 福田良輔「活用語尾・助動詞・東国方言における解釈と文法上の問題点」(『講座　解釈と文法・2』)七二ページ
(13) 福田良輔『奈良時代東国方言の研究』三五〇ページ
(14) 注(12)文献五六ページ
(15) 注(13)文献三六〇ページ
(16) 山崎馨「形容詞系助動詞の成立―その二、らし・じ・しむ―」(『国語と国文学』四二の三)
(17) 服部四郎『日本語の系統』二〇ページ
(18) 大野晋「万葉時代の音韻」(『万葉集大成・6・言語篇』)三二五ページ
(19) 注(16)文献

（20）築島裕「終止形に続く助動詞」（『解釈と鑑賞』二二の一一）
（21）大野晋「日本語の動詞の活用形の起源について」（『国語と国文学』三〇の六）
（22）「見えて」は「東の野にかぎろひの立つ見えて」（万葉・一・四八）として出てくるものであるが、この歌は訓み方自体に問題がある。詳しくは第三章の注（17）参照。
（23）山田俊雄「終止形に続く助動詞」（『解釈と鑑賞』二二の一一）
（24）注（20）文献
（25）塚原鉄雄「らしの研究」（『国文学』四の二）
（26）注（12）文献七一ページ

第五章

（1）本章における調査は次の本文によった。
①万葉集＝『万葉集大成』総索引単語篇（平凡社）②古今集＝『古今和歌集総索引』西下経一・滝沢貞夫共編（明治書院）③後撰集＝『後撰和歌集 校本と研究』二荒山神社宝蔵本 小松茂美翻刻（上巻のみ）（誠美書房）④拾遺集＝中院通茂筆本（古典文庫）片桐洋一翻刻 ⑤竹取物語＝『竹取物語総索引』山田忠雄（武蔵野書院）⑥土左日記＝『土左日記（総索引）』山田孝雄（宝文館）⑦伊勢物語＝『伊勢物語に就きての研究』索引篇 池田亀鑑（有精堂）⑧大和物語＝岩波日本古典文学大系本 ⑨宇津保物語＝朝日日本古典全書本 ⑩蜻蛉日記＝『蜻蛉日記総索引』佐伯梅友・伊牟田経久（風間書房）⑪落窪物語＝岩波日本古典文学大系本（巻一のみ）⑫和泉式部日記＝『和泉式部日記総索引』東節夫・塚原鉄雄・前田欣吾（武蔵野書院）⑬源氏物語＝『対校源氏物語新釈用語索引』吉澤義則（平凡社）⑭紫式部日記＝『紫式部日記用語索引』佐伯梅友・石井文夫・青島徹（牧野出版）⑮更級日記＝『更級日記総索引』東節夫・塚原鉄雄・前田欣吾（武蔵野書院）⑯浜松中納言物語＝『浜松中納言物語総索引』池田利夫（武蔵野書院）⑰方丈記＝岩波日本古典文学大系本 ⑱徒然草＝『徒然草総索引』時枝誠記（武蔵野書院）⑲平家物語＝岩波日本古典文学大系本（巻三まで）⑳天草版伊曽保物語＝『天草版伊曽保物語索引』井上

章（風間書房）㉑懺悔録＝『懺悔録索引』大塚光信（風間書房）
（2）山田孝雄『奈良朝文法史』四七八ページ
（3）塚原鉄雄「構文的観点から把握した単語の意味機能」（『講座　解釈と文法』二八九ページ）
（4）この「表6」の用例数の調査は、未然形「なら」についての調査の場合と同じ文献資料によったが、源氏物語については、四巻までの調査である。
（5）築島裕「中古の文法」（『日本文法講座　3』）一五五ページ

第六章

（1）竹岡正夫「助動詞ナリの表わすもの―助動詞の意味の検討―」（『国語学』第二十五輯）
（2）佐伯梅友『新古典文法』（三省堂）九ページ
（3）時枝誠記『日本文法　口語篇』（岩波書店）二四二ページ
（4）金田一春彦「不変化助動詞の本質―主観的表現と客観的表現の別について―」（『国語国文』第二十二巻第二号・第三号）
（5）渡辺実「叙述と陳述―述語文節の構造―」（『国語学』第十三・十四輯）
（6）服部四郎『言語学の方法』（岩波書店）二〇一ページ
（7）阪倉篤義『日本文法の話』（創元社）二二〇ページ
（8）注（3）文献一四五ページ
（9）佐治圭三「素材の世界と表現と―終止形接続の「なり」について」（『遠藤博士還暦記念国語学論集』）註十
（10）古田東朔「です」（『国文学』第九巻第十三号）
（11）芳賀綏『日本文法教室』（東京堂出版）一〇七ページ
（12）阪倉篤義『語構成の研究』（角川書店）一〇三ページ
（13）注（3）文献一三三ページ

（14）水谷静夫「形容動詞弁」（『国語と国文学』第三二五号）
（15）注（3）文献一三三ページ
（16）注（3）文献二〇七ページ
（17）注（3）文献一三〇ページ
（18）中田祝夫「文法と解釈〈その十三〉―推定伝聞「なり」に未然形「なら」があるということ―」（『国語展望』13）

第七章

（1）阪倉篤義『語構成の研究』六五ページ
（2）山崎良幸『日本語の文法機能に関する体系的研究』三〇一ページ
（3）この点に関しては、「新刊紹介『日本語の文法機能に関する体系的研究』」（『国語学』第六十八集）にやや詳しく述べた。
（4）水野清「助動詞の連接―文語におけるその変遷―」（『法政大学日本文学誌要』第14号）
（5）北原保雄『日本語助動詞の研究』三三九ページ以下
（6）時枝誠記『日本文法　口語篇』二三七ページなど
（7）山田孝雄『日本文法論』三六四ページ
（8）注（6）文献一一八ページ
（9）大野晋「万葉時代の音韻」（『万葉集大成・言語篇』）
（10）鈴木朖「テニヲハノ事」（『言語四種論』）
（11）小松登美「終止なり私見」（『未定稿』二号）
（12）金田一春彦「不変化助動詞の本質―主観的表現と客観的の別について―上・下」（『国語国文』第22巻第2号・第3号）
（13）注（12）文献の第三節の注（3）
（14）新川忠「助動詞『けり』の時代的差異―上代・中古の和歌を中心として―」（『国語国文研究』第36号）

（15）「用言＋なりければ」の一例だけがその例外であるが、これは、前述のように、現在既定形であるから問題ない。

第九章

（1）日本古典文学大系本『平家物語上・下』（岩波書店）の本文による。「上」は上下巻の別、「一四四」はページ数、「8」は行数を表す。以下の用例もすべて同じ。なお、引用の例文は、漢字を当てたり歴史的仮名遣いに直したりなど、読みやすくするために改めたところがある。

（2）判定は難しいが、「あん」と「ある」が終止形と連体形との対立であるらしいことについては、「あんなれば」と「あるなれば」の例から言えそうである。第六節参照。

（3）一九四九年五月二四日、国語学会の公開講演会で、「『信濃にあんなる　木曽路川』から」という題で講演。翌年、「いはゆる詠嘆の『なり』について」（『国文研究』第一輯）を誌上に発表。

（4）日本古典文学全集本『平家物語・二』解説「係結び」など参照。

（5）「けんなる」については、碁石雅利『平安語法論考』「第2章　語法と意味」「第1節　伝聞表現「ケンナル」に詳しい論考がある。「けん」は回想の助動詞「けり」の連体形「ける」が撥音便化したものであり、「なる」は伝聞の助動詞「なり」の連体形であるとする論旨には賛成できないが、豊富な用例は参考になる。

（6）湯沢幸吉郎『文語文法詳説』五四七ページ

［初出一覧］　本書の各章は次の論文をもとに加筆を行ったものである。

第一章：書き下ろし

第二章：「〈終止なり〉と〈連体なり〉―その分布と構造的意味―」（『国語と国文学』昭和四一年九月号　第43巻9号　東京大学国語国文学会）

第三章：「〈なり〉と〈見ゆ〉―上代の用例に見えるいわゆる終止形承接の意味するもの―」（『国語学』第61集　国語学会　昭和四〇年六月三〇日）

第四章：「〈らむ〉〈らし〉の成立―複述語構文の崩壊―」（『国文学　言語と文芸』第43号　東京教育大学国語国文学会　昭和四〇年一一月一日）

第五章：「活用語を承ける未然形〈なら〉の実態」（『国語構文の歴史的研究』第三章「いわゆる連体形承接の助動詞〈なり〉の成立とその展開」第四節　昭和四〇年〔一九六五〕一二月提出　修士論文）

第六章：「『なり』の構造的意味」（『国語学』第68集　国語学会　昭和四二年三月三〇日）

第七章：「中古の助動詞の分類―文構造解明への一つの接近―」（『人文学部紀要』第3号　和光大学人文学部　昭和四四年三月二五日）

第八章：「〈連体なり〉にはなぜ連体法がないのか」（『国語教室』第70号　大修館書店　平成一二年五月二五日）

第九章：「活用語を承接する〈なり〉の変容―覚一本平家物語の場合―」（『佐伯梅友博士喜寿記念国語学論集』表現社　昭和五一年一二月一日）

あとがき

研究を始めたころのことを振り返ってみる。学部の卒業論文は『三巻本色葉字類抄』所載の声点を対象としたアクセント研究だった。当時、『金光明最勝王経音義』や『図書寮本類聚名義抄』所載の声点に「平声軽」の点が存在することが確認され学会でも注目されていた。それが『三巻本色葉字類抄』所載の声点にも不完全ながらも認められることを実証しようとし、その調価についても仮説を提示したものだった。声点の打たれている箇所を丹念にカードに取り、整理して論を立てる。言語研究の面白さ、楽しさを初めて知ったのは卒業論文をまとめているときだった。大学院に進学することを勧められたが、当時六〇年安保の影響もあって学生間に研究の価値を評価しないような雰囲気が強く、また私の個人的な事情もあって、都立高校に就職したのだった。

高校教諭としての生活は充実していてとても楽しかった。しかし、しばらく勤務しているうちに、徐々に物足りなくなってきた。図書館で文法関係の書籍、特に三上章氏の著作などを読んでいると、無性に研究生活に戻りたくなった。そのころにあれやこれや考えたメモが今も残っている。転任の誘いなどもあったが、思い切って大学院に戻ることにした。昭和三九年四月だった。すでに結婚していたし、生活費のことも心配だったはずだ。今から振り返ると若いからできた蛮勇だった。

大学院に戻って一年、「なり」という助動詞に興味を持った。入学前には、あれほど現代語の文法に興味を持っていたのに、なぜ古代語の助動詞に変わってしまったのか、きっかけも理由も思い出せないが、演習が源氏物語の助動詞を分析する内容だったので、それが影響したのかもしれない。

最初に書いたのは、「〈なり〉と〈見ゆ〉—上代の用例に見えるいわゆる終止形承接の意味するもの—」(『国語学』第61集　昭和四〇年六月刊。「〈終止なり〉の成立」と改題して本書第三章に収載)だった。そのすぐ後に、〈終止なり〉の成立についての仮説を補強すべく、「〈らむ〉〈らし〉の成立—複述語構文の崩壊—」(『国文学　言語と文芸』第43号　昭和四〇年一一月刊。「複述語構文の検証—『らむ』『らし』の成立—」と改題して本書第四章に収載)を書いた。「〈終止なり〉と〈連体なり〉—その分布と構造的意味—」(『国語と国文学』第43巻9号　昭和四一年九月刊。副題を削除して本書第二章に収載)が刊行されたのは修士論文を提出した後だが、この三つの論文を骨子として、修士論文『国語構文の歴史的研究』(昭和四〇年一二月提出)をまとめたのだった。一つの修士論文の中に代表的な学会誌に掲載した論文を三本収めることができ、大学院に戻ったのは一応成功だったと実感した。それよりも、次々と新しい着想が湧き、それを解明していくと新しい発見があって、毎日が楽しかった。修士論文には、本書に収載した第五章「〈連体なり〉の成立—活用語に接続する『なり』の活用形『なら』と『なれ』—」についても書いたが、公刊するのはこれが初めてである。

「なり」に関して解決すべき問題は数々あり、その後も、「『なり』の構造的意味」(『国語学』第68集　昭和四二年三月刊。「『なり』の文法的意味」と改題して本書第六章に収載)、「中古の助動詞の分類—文構造解明への一つの接近—」(和光大学『人文学部紀要』第3号　昭和四四年三月刊。「〈連体なり〉との相互承接を基準とした助動詞の分類」と改題して本書第七章に収載）などを書いた。

その後も「なり」については関心を持ち続けたが、研究の対象が広がり、「なり」だけを研究していることができなくなった。しかし、〈終止なり〉はその表す意味や歴史的変移などにいろいろな問題があり興味深い助動詞であるし、〈連体なり〉は現代語の「だ」に継承される、日本語文法の基本に関わる語である。さらに調査研究を続けて、いつか大きくまとめてみたいと考えていた。「活用語を承接する『なり』の変容—覚一本平家物語の場合—」（『佐伯梅友博士喜寿記念国語学論集』表現社　昭和五一年一二月刊。「〈終止なり〉〈連体なり〉の変容—平家物語の場合—」と改題して本書第九章に収載）は、その一つであるが、こうした「なり」の研究を始めたころの論文をまとめておくこととした。

言語研究の醍醐味は、新しい言語事実を発見し、それについて整合性のある美しい説明をするところにある。「なり」だけでなく、どんな言葉でも用例を集め分析し考察すれば、必ず新しい言語事実を発見することができる。そんな信念のもとに研究を進めたころの懐かしい論文である。あの頃の新しい発見が今も価値を発揮することができるだろうか。

平成二十六年二月

北原　保雄

[著者紹介]

北原　保雄（きたはら　やすお）

一九三六年、新潟県柏崎市生まれ。一九六六年、東京教育大学大学院修了。文学博士。筑波大学名誉教授（元筑波大学学長）。新潟産業大学学長。日本教育会会長。

主な編著書

[文法関係]『日本語の世界6　日本語の文法』（中央公論社）、『文法的に考える』（大修館書店）、『日本語文法の焦点』（教育出版）、『表現文法の方法』『青葉は青いか』（大修館書店）、『問題な日本語』1〜4（以上四冊編著、大修館書店）、『北原保雄の日本語文法セミナー』（大修館書店）、『言葉の化粧』（集英社）、『日本語の形容詞』『日本語助動詞の研究　新装版』（大修館書店）など。

[古典関係]『大蔵虎明本狂言集の研究　本文篇』全三巻（共著、表現社）、『狂言記の研究』全四巻（共著、勉誠社）、『延慶本平家物語　本文篇・索引篇』（共著、勉誠社）、『舞の本』（共著、岩波書店）など。

[辞典関係]『古語大辞典』（共編、小学館）、『全訳古語例解辞典』（小学館）、『反対語対照語辞典』（共編、東京堂出版）、『日本語逆引き辞典』（大修館書店）、『日本国語大辞典 第二版』全一三巻（共編、小学館）、『明鏡国語辞典』『明鏡ことわざ成句使い方辞典』（大修館書店）など。

日本語《にほんご》の助動詞《じょどうし》——二《ふた》つの「なり」の物語《ものがたり》

NDC810 ／ viii, 246p ／ 21cm

初版第１刷——2014年３月20日

著者————北原保雄《きたはらやすお》
発行者———鈴木一行
発行所———株式会社 大修館書店
〒113-8541 東京都文京区湯島2-1-1
電話 03-3868-2651（販売部） 03-3868-2290（編集部）
振替 00190-7-40504
［出版情報］ http://www.taishukan.co.jp

装丁者———井之上聖子
印刷所———三松堂
製本所———牧製本印刷

ISBN978-4-469-22234-0 Printed in Japan

●北原保雄著作

日本語助動詞の研究〈新装版〉

A5判　六六八頁　本体七九〇〇円
ISBN978-4-469-22224-1

日本語の形容詞

四六判　二六六頁　本体一八〇〇円
ISBN978-4-469-22211-1

北原保雄の日本語文法セミナー

四六判　二五六頁　本体一六〇〇円
ISBN978-4-469-22176-3

青葉は青いか
日本語を歩く

四六判　二七四頁　本体一九〇〇円
ISBN978-4-469-22135-0

表現文法の方法

四六判　三七四頁　本体二六〇〇円
ISBN978-4-469-22123-7

文法的に考える
日本語の表現と文法

四六判　三二二頁　本体二三〇〇円
ISBN978-4-469-22044-5

大修館書店　定価＝本体＋税